ちくま学芸文庫

増補 決闘裁判

ヨーロッパ法精神の原風景

山内 進

筑摩書房

目次

増補　決闘裁判——ヨーロッパ法精神の原風景

プロローグ　『ローエングリン』――神の裁きとしての決闘

ルートヴィヒ二世

ワーグナーのオペラに『ローエングリン』という作品がある。これは、ワーグナーとそのパトロンであるバイエルン国王ルートヴィヒ二世とを結びつけた、ある意味で運命的な作品だった。ルートヴィヒは、『ローエングリン』を見て感激し、借金のために流浪の生活を送っていたワーグナーを後援することにしたという。

国王はまた、いまではドイツの観光名所となっているノイシュバンシュタイン城を築いたことでも有名である。その居間には『ローエングリン』の中のいくつかの場面を描いた絵が何枚か飾ってある。彼がこの作品をどれほど愛したか、それだけでもよくわかるだろう。

居間の端に、国王が読書に用いた「白鳥のコーナー」がある。そのコーナーの写真を見てみよう（次頁参照）。『ローエングリン』に関係する三枚の絵があるが、右端の

ノイシュバンシュタイン城居間の「白鳥のコーナー」（© Foto Studio Verlag）

絵に注目してほしい。絵の前面には組み合っている二人の騎士が、背景にはそのさまを凝視している、王様と姫らしき人物とその他の見物人が描かれている。二人の騎士は、ローエングリンとテルラムント伯フリードリヒ、王様はドイツ王、若い女性はブラバント公女エルザ姫という。彼らがそれぞれどのような役割を果たしているかは、次に明らかにすることとして、とりあえず前面の二人の様子を見てみよう。

　いかにも騎士のいでたちをしている二人は戦っているように見える。一対一の決闘であろうか。その通りである。二人は決闘している。ただ、厳密にいえば、ここに描かれているのは、実は、私たちが思い浮かべる普通の決闘とは違う。普通の決闘は、二人の人物が裁判を避けて、日時や場所、武器などをあらかじめ決めて、立会人のもとで武器を用いて戦うものである。ところが、この絵の場合、戦いは、二人の騎士が、「神の裁き」を得るために、裁判の一環として行った決闘だった。このように、争いの当事者またはその代理人が一対一で決闘し、その結果に従って紛争に決着をつける裁判を「決闘裁判」という。

私が本書で扱うのは、この決闘裁判である。多くの読者は、「決闘裁判」という言葉に驚かれたことであろう。決闘と裁判など、まるで水と油ではないか。そう思うのではないだろうか。少なくとも、私たち日本人はそう考える。ところが、決闘裁判は、中世ヨーロッパではごく自然に行われていた。ワーグナーも、当たり前のように、その場面を『ローエングリン』の中に取り入れている。まったく違和感はない。

そこで、私は決闘裁判について書くにあたって、まず『ローエングリン』の紹介と簡単な分析から始めてみようと思う。ワーグナーの『ローエングリン』は実に鮮やかに決闘裁判のイメージを与えてくれるからである。

ワーグナーの『ローエングリン』

まず、『ローエングリン』の粗筋《あらすじ》を記しておこう。

一〇世紀前半のとある日、ブラバントのアントワープでのことである。ドイツ国王ハインリヒ一世（在位九一九―三六年）が裁きの槲《かしわ》の木に座していた。国王は、異教徒である東方のハンガリー人からドイツを守るために戦士を求めてこの地に来たのだが、たまたま発生した大事件の裁きを求められていた。

その事件とは、公女の弟殺しだった。このときブラバント公はすでに亡く、残された二人の子のうち、跡継ぎのゴトフリートは行方不明となっていた。姉が弟のゴトフリートを殺したかどで叔父に訴えられていた。

姉の名はエルザ、叔父は勇将フリードリヒ・フォン・テルラムントという。フリードリヒは、ハインリヒに王の裁きを求めた。彼は、エルザの弟殺しを理由に、エルザへの求婚の権利を断念し、異教時代のかつての統治者フリースラント公ラートボート家の末裔《まつえい》オルトルートを妻にした、と語り、弟殺しの罪をエルザが負うべきこと、自分がブラバント公となることを要求した。国王はエルザを召喚した。

ハインリヒ一世は、この事件を「神の裁き」に委ねることとした。「神の裁き」とは、神前での「生死を賭する戦い」によって訴えの当否を決定する方法である。フリードリヒは名誉を懸けて戦うための剣を示し、エルザもまた自分のために戦う騎士を夢にみたという。エルザはまた、騎士が決闘に勝てば、彼と結婚することも明らかにした。だが、勇将フリードリヒと戦おうとする者はそこにはいない。エルザは敗訴寸前だった。あわやという瞬間、白鳥の曳《ひ》く小舟に乗って、エルザが夢にみた騎士がやってきた。白鳥の騎士は、エルザに名と素性を尋ねないということを誓わせたうえで、戦いに臨んだ。

激しい打ち合いの結果、騎士はフリードリヒを破った。「神の勝利」だった。敗者は生命を救われたが、処罰として追放されることになった。

フリードリヒの妻、魔法使いの異教徒オルトルートは、打ちひしがれたフリードリヒを励まし、ともに復讐の誓いをたてた。オルトルートは巧みにエルザに近づき、かの白鳥の騎士に対する疑念を呼び起こし、名と素性を尋ねたいという気持ちをエルザに植えつけることに成功する。フリードリヒもまた、公衆の面前で、騎士を「魔法のかど」で訴えた。

しかし、人々は「神の裁き」に勝利した騎士の高潔さを信じ、この訴えに耳を貸さなかった。エルザも人々の前で秘密を尋ねるのをかろうじて思いとどまるが、胸の奥底は、白鳥の騎士への疑いにうち震えていた。

素晴らしい婚礼の式を終えたあと、二人きりになったエルザは、騎士に何者であるか、その秘密を教えるように激しく迫った。そのとき、物陰に隠れていたフリードリヒとその配下の貴族が、エルザの質問のために魔力がなくなったと信じて、騎士を襲った。だが、騎士は一撃のもとにフリードリヒを倒した。

翌朝、ドイツ国王ハインリヒのもとに、白鳥の騎士とともにハンガリー軍と戦うためにブラバントの戦士たちが集結した。そこに騎士が死体と化したフリードリヒを連れて登場し、死者を襲撃のかどで訴えた。訴えは認められるが、騎士は、エルザが誓いを破ったので立ち去らねばならないという。とどまるように懇願するエルザを退け、騎士はついに、自分が聖杯に仕えるパルチヴァールの子ローエングリンで、聖杯グラールによって遣わされたことを明らかにした。

再び白鳥が迎えに現れ、ローエングリンが立ち去ろうとすると、オルトルートが登場し、ローエングリンとエルザを呪い、その白鳥が魔法をかけられたエルザの弟であることを明した。人々の非難に対して、オルトルートはいう。

おまえたちが裏切った
古《いにしえ》の神々の復讐をとくと味わうがよい

しかし、ローエングリンが白鳥を放つと、白鳥はエルザの弟ゴトフリートとなり、オルトルートは地に倒れる。エルザは駆け寄りゴトフリートの帰還を喜ぶが、目を岸に向けると、もはやローエングリンはいない。エルザもまた倒れ、この世を去る。

『ローエングリン』の持つ意味

『ローエングリン』は、その誕生のときから政治的な意味を与えられてきた。この作品は、トーマス・マンの解釈では、「民族主義的パトス」に貫かれていた。また、ハインリヒ・マンの小説『臣下』には、いかにもゲルマン人の典型のようなエルザとか、波打つ金髪などという言葉が出てくる。ヒトラーがはじめて観たオペラ『ローエングリン』に感動し、ワーグナーの崇拝者となったのも不思議はないかもしれない。伊藤嘉啓《よしひろ》氏によれば、ヒトラーは、第三帝国発足の祝賀演奏会（一九三三年三月二一日）をフルトヴェングラー指揮の『マイスタージンガー』で飾り、バイロイト音楽祭を後援し、バイロイトは「いはゞナチスの聖地」と化したという（『ワーグナーと狂気』）。そして、ナチスが総力をあげたベルリン・オリンピックの年のバイロイト音楽祭の出し物こそ『ローエングリン』にほかならなかった。

第二次大戦後、ワーグナーには異なった解釈が与えられた。ワーグナーが「神話」を用いたのは、ユングのいわば元型、つまり人類や民族の集団的無意識を表現するためで、作品を貫くのは政治的民族主義ではなく、人間存在の普遍的表現にほかならない、と。だが、たとえその解釈が正しいとしても、『ローエングリン』から政治性を完全に排除するのは不可能であろう。『ローエングリン』には、政治のパトスと結びつきうるような何物かがある。むろん、それは、ドイツ第二帝国やナチスの第三帝国とのみ結合するような狭いものではない。それは、人類の元型とも結びつくが、より歴史的で、それゆえにある種の政治性を含む精神的元型を表現している。その精神的元型とは、トーマス・マンの言葉を使っていえば、ヨーロッパ主義的パトスであろう。

私の目から見ると、『ローエングリン』には、一一―一二世紀以降に形成されていった、純化し拡大するヨーロッパの精神的元型が認められる。以前に別の著作（『北の十字軍』講談社選書メチエ）で述べたように、ヨーロッパはその当初からキリスト教世界だったわけではない。ヨーロッパを形成したのは、カール大帝、国王ハインリヒ一世、神聖ローマ皇帝オットー一世などがはじめた、異教世界との戦い、攻撃、征服であった。『ローエングリン』は、一九世紀に入っても形を変えてなお続いたその運動（ヨーロッパの拡大、世界のヨーロッパ化）を背景として、ヨーロッパの形成を、いくばくかの不安とともに象徴的に描き出した作品という側面を持っている。

オルトルートとは誰か

ワーグナーが『ローエングリン』を創作するにあたって参考にした資料は、ヴォルフラム・フォン・エッシェンバハの『パルチヴァール』(一二一〇年頃)やコンラート・フォン・ヴュルツブルクの『白鳥の騎士』(一二五五年頃)などであった。作品はいずれも、高貴な女性の危機を救うために神に遣わされた騎士が白鳥に曳かれて登場し、素性を尋ねてはならないという約束のもとにその女性を助け結婚するが、彼女が誓いを破り秘密を尋ねたために、再び白鳥とともに去っていく、という筋立てとなっている。ワーグナーの『ローエングリン』も、基本的にはこの筋を軸に構成されている。

しかし、ワーグナーはこれに満足せず、新しい要素を彼の作品に組み込んでいる。異教徒の魔法使いオルトルートである。オルトルートは、エルザの弟を白鳥にし、夫フリードリヒをそそのかしてエルザを訴えさせ、フリードリヒが「神の裁き」に敗れると復讐をともに誓い、エルザをして白鳥の騎士の秘密を尋ねさせることに成功するが、ついに「神」によって倒される、という重要な役割を果たしている。オルトルートがいなければ、『ローエングリン』はいまよりもはるかに起伏に乏《とぼ》しく、精彩を欠いたものになっていたことであろう。

オルトルートは魔法を使う、いわば悪役である。しかし、ワーグナーの才能はこれを単なる魔法使いや悪人にとどめなかった。オルトルートは、キリスト教徒によって攻撃され、征服、排除されていった、異教徒たる先住民の末裔であった。エルザをだまし、復讐をとげるきっかけをつかむと、オルトルートは、古の神々に思わずこう訴える。

けがされた神々よ　さあ、我が復讐に手を貸したまえ
ここで御身《おんみ》らに加えられた恥辱に罰を与えたまえ
御身らの祭事に仕える我に力をつけたまえ
背教の輩《やから》たちの下劣な妄想を根こそぎ絶ちたまえ
ヴォーダンさま　強い御身をお呼び申しあげます
フライアさま　高貴なる神よ　我が言葉をお聞きあれ
我が欺瞞《ぎまん》と偽善に御身らの祝福を与え
我が復讐を成功させたまえ

ヴォーダンもフライアもゲルマンの神である。キリスト教によって駆逐され抑圧されていった伝統的な信仰とその信仰者たちの恨みが、オルトルートのこの叫びのうち

に鮮やかに表現されている。ハインリヒ一世もブラバント公もエルザも等しく征服者であり、抑圧者であり、古の神々の否定者であり、新しいヨーロッパの形成者だった。オルトルートは、エルザと聖杯の騎士ローエングリンに対する陰険な敵である。だが、実は被征服者、被抑圧者、神々を信ずるゲルマンの民たちの象徴であった。彼女がエルザとローエングリンの破滅を追求し、復讐を試みるのは、けっしていわれのないことではなく、十分に理由のあることだった。

それだけに、オルトルートの恨みと悲しみは、キリスト教の優位性の具体化、具象化によっていっそう劇的なものとなる。それが、「神の裁き」である。

「神の裁き」

ローエングリンとフリードリヒの戦いは、決闘裁判だった。それは、国王ハインリヒが司《つかさど》る裁判の中で行われる、訴訟の勝者を決めるための戦いだった。だが、この戦いはただの戦いではない。国王はこれを「神の裁き」と呼んだ。人々も「神の裁きを」「神の裁きを」と唱和した。ここでは、決闘裁判とは「神の裁き」と同義であった。その場面に、もう一度、光をあててみよう。

国王ハインリヒ一世はフリードリヒの訴えを聞いて、ただちに「神の裁き」に事件を委ねると宣言した。国王は、フリードリヒに対してこう尋ねた。「テルラムント伯フリードリヒ、汝《なんじ》は神の裁きにおいて生死を懸けた戦いによって汝の訴えを貫くか」。そして、エルザにはこう確認した。「ブラバントのエルザ、汝は、神の裁きで生死を懸けて誰かある戦士が汝の代わりに戦うことを望むか」。

二人の同意ののち、神の法廷が設置された。法廷は決闘の舞台であり、それは一定の広がりを持った円形の空間で「リング」と呼ばれる。この「リング」の内部では、決闘者以外の何者も介入しえず、「平和」が支配する。この「平和の法」に違反する者は「自由民であれば片手で、隷民であれば頭で贖《あがな》わねばならない」。

王の伝令は、決闘者に対しても「神の判決は正当である。されば、己《おのれ》の力を頼まずに、神を信じよ」と告げる。ローエングリンとフリードリヒも、決闘場の外にあって、ともに口を揃えて言う。「神よ、我に正しい判決を下したまえ。我は、己の力ではなく、神を信ずる」と。

さらに、国王が進み出て、神に訴える。「神よ、決闘の場におられよ。剣の勝利によって判決を語られよ。欺瞞と真理を明らかにされよ。清き者の腕に勇士の力を与え、偽れる者の強力を萎えさせたまえ。我らの知は愚かであるがゆえに、神よ、いまこそ我らを助けたまえ」。

二人の決闘者はこうして神への訴えによって聖化された決闘場に入り、剣を振るって戦う。勝敗の結果は神の手になるとの信念も伝えられた。激しい戦いの結果、ローエングリンが相手を倒し、「神の勝利によって、いま汝の命は我がものだ」と宣告した。フリードリヒは、こう述べてくずおれる。

ああ、神が我を打ち負かし、
我は、神を通じて敗北した
我は、幸福を断念せねばならない
名声も名誉も過ぎ去った

フリードリヒの妻、異教徒のオルトルートだけが、「神」の力を頼らない。信ずるのは「戦えば勝つフリードリヒの力」であり、自分の魔力であった。そして、実はその背後に控えるゲルマンの神々であった。だが、フリードリヒはあえなく敗れさった。そのとき、彼女は「暗いまなざしで、ローエングリンをじっと見据えて」いう。

夫を打ち負かしたのは何者なのか

私が力を失っているのはそいつのせいか
もし私がそいつにひるむなら
私の望みはすべて無と化すのだろうか

むろん、オルトルートは相手が「何者なのか」よくわかっていた。それは、キリスト教の「神」にほかならない。

ワーグナーの狙い

『ローエングリン』にあっては、キリスト教の神が、異教の神々の助けを受けるテルラムント伯を退け、聖杯の騎士を勝たせたことになっている。キリスト教世界の勝利と異教世界の後退という歴史的現実がそこに暗示され、作品全体を通奏する。これが、それ自体としては単純な伝説に歴史的な深みと重み、ある種の現実的切迫感を与えている。

それは、ワーグナーの狙いでもあった。ワーグナーは、『ローエングリン』を書くにあたって多くの資料を参照し、エルザとローエングリンとの精神的・心理的葛藤を格調高い悲劇的結末へと展開するために、歴史的背景をできるだけ正確に描き出そうとした。そのためにワーグナーは、グリム兄弟の編纂《へんさん》した『ドイツ伝説』の「白鳥の騎士」や「ブラバントのローエングリン」を読み、兄ヤーコプ・グリムが編集、刊行した『ヴァイステューマー（判告録）』全七巻のうち最初の三巻（一八四〇―四二年）や『ドイツ法古事誌』（一八二八年）を参考にしている。

それゆえ、「神の裁き」としての決闘裁判は、歴史的事実に合致している。中世ヨーロッパでは、「神の裁き」は広く行われていた。キリスト教は、その勢力を拡大するために、つまり異教的なものを排除するために、「神の裁き」に積極的に関与した。キリスト教ヨーロッパの成立、純化、拡大と「神の裁き」へのキリスト教の関与とは深く結びついている。ワーグナーはそれを鋭敏に嗅ぎ取っていた。

ただ、実は「神の裁き」は決闘裁判に限定されない。清浄な水や火によって神の判定を仰ぐ方法もあり、むしろその方が普通だったかもしれない。決闘裁判を含む、これらの方法は、一般に神判と呼ばれる。

神判と決闘裁判

『ローエングリン』の決闘裁判は明らかに神判である。神の存在が大きな意味を持った中世ヨーロッパにおいて、神判が裁判においても大きな比重を占めたであろうことは十分に想像がつく。実際、神判はさまざまな法典や勅令、法律から文学作品にいたるまで、あらゆるところに顔を出している。その意味で、キリスト教的中世ヨーロッパの深層をさぐる重要な手がかりとなるにちがいない。私が決闘裁判を論じようと考えた一つの理由はそこにある。

しかし、それだけではない。第一章で見るように、一三世紀の初頭、ローマ教会は、第四回ラテラーノ公会議で、聖職者たちに対して神判への関与を禁止する決議を行い、その結果、とくに水や火を用いる神判は急速に消滅していく。これは、キリスト教がヨーロッパ全域をほぼ掌握した直後に起きる。キリスト教会が異教徒を抑え、伝道する過程で、『ローエングリン』が象徴的に表現したように神判が大きな役割を果したとするなら、これはどういうことなのであろうか。それは、私たちが今日思い浮かべるような「合理的なヨーロッパ」の形成と何か関係するのであろうか。

さらに、もう一つある。神判の禁止以後も、決闘裁判だけは容易になくならない。とくに興味深いのは、第四章で考察するように、イギリス（イングランド）では、特殊なケースに限定されてはいたが、一九世紀の初頭にいたるまで決闘裁判が合法的制度として存続した、ということである。その最後の訴訟は一八一七－一八年に行われている。裁判官はこのとき、決闘を「通常かつ合憲の審理」として実行する考えを示した。これはどう考えても、もはや神判ではない。では、それは何だったのであろうか。

私は、決闘裁判がイギリスで一九世紀まで生き長らえたことをたいへん重要なことと考えている。決闘裁判が神判ではとらえきれない要素を持っていること、一九世紀においてなお、裁判官がそれを「通常かつ合憲の審理」と述べたのは、そこに近・現代に通じる何かがあるように思えるからである。私が本書で神判一般ではなく、とくに決闘裁判について考察するもっとも大きな理由は、その「何か」を知りたい、というところにある。

その「何か」は、本書の副題に提示してある。私は、決闘裁判が、中世ヨーロッパの諸特質をもっとももよく引き継いでいる現代アメリカで苛烈なまでに貫かれ、たとえば数年前の「シンプソン裁判」において驚くべき判決を生み出した土壌となっている、裁判の「当事者主義」と密接に関係すると考えている。中世ヨーロッパとアメリカとの関係については「エピローグ」で説明するが、当事者主義とは、裁判の主役は訴えた者と訴えられた者であり、裁判官はその審判、いわば行司にすぎない、という考え方である。『ローエングリン』の弟殺しをめぐる裁判では、エルザ姫の代理人ローエングリンと訴人フリードリヒの決闘の結果がそのまま判決となった。偉大な国王ハインリヒ一世のしたことといえば、決闘を衆人環視のもとに公平に行わせることだけだった。ここでは、「大岡裁き」への期待など皆無である。

決闘裁判は、「当事者主義の原風景」を織りなしている、というのが本書での私の基本的立場である。いかにも中世ヨーロッパ的な法制度や法感覚を深く探ることによって、これまたいかにも現代的な法制度や法感覚の基層にあるものを明らかにしたい、というのが私の狙いである。

このことを明らかにするために、私はまず、神判一般から考察をはじめることにしたい。決闘裁判が、中世のほぼ全期間にわたって神判と理解されていた以上、そこから出発するのが自然というものであろう。

第一章　神判——火と水の奇跡と一騎討《モノマキア》ち

「ザクセンシュピーゲル・ラント法」第3巻第21条第2項を説明する図。〈右〉土地をめぐって、冷水神判で判決を下す。〈左〉両当事者が宣誓をする場合には、土地が均等に分かたれる

中世ヨーロッパではいかに自らの無実を証明したか

私たちは、裁判という言葉を、ごく日常的に、とくに疑問も持たずに使っている。むろん、これをきちんと定義するということになると、かなり厄介であるが、ごく一般的な常識によれば、それは裁判所が法律に従って犯罪者を処罰したり、市民相互の紛争に解決を与える作業ということができるであろう。

この作業の中でとくに重要なものの一つに、証明という行為がある。これは、争われている事実の認定について、裁判官に確信を与えている状態またはそのための当事者の努力（立証）といわれる。言いかえると、裁判では、係争の当事者（刑事裁判では検察官と被告人、民事裁判では原告と被告）がそれぞれ自己の主張の正しさを証明することが必要で、その成果に従って判決が下される。証明は、現代では、客観的で合理的かつ科学的に信憑性《しんぴょう》のある証拠や証言によって行われる。

ところが、中世ヨーロッパでは、そもそも民事事件と刑事事件の区別がなく（したがって、中世については以下、民事・刑事双方を含む概念として原告・被告という言葉を用いることにしたい）、現代とはかなり異質の証明方法がとられていた。ベルギーの著名な法制史家カネヘムによると、文書による証明もあるにはあったが、大部分はプリミティブや非合理的、あるいは神秘的と呼びうるものだった。裁判所は、合理的証明が難しい場合、超自然的力に訴えた。この非合理的証明で用いられた方法が、宣誓補助者を伴う雪冤《せつえん》宣誓や神判であった。

「宣誓補助者を伴う雪冤宣誓」とは、無実を訴える被告が自ら神にかけて自己の正しさと無実を宣誓によって証明しようとする方法である。「雪冤」とは、無実を明らかにする、という意味である。宣誓に成功すれば無罪とされた。「宣誓補助者」とは、その際に雪冤者の人格を保証し、宣誓の内容ではなく、宣誓そのものの妥当性を自身の身体と名誉を懸けて担保する者である。彼らはたとえば、「主にかけて、彼（被告）が行った宣誓は潔白で偽りではない」と誓ったという。宣誓補助者の数は、宣誓者や事件の重要性によって異なる。また、宣誓は厳格かつ形式的で、失敗は絶対に許されなかった。原告の側であれ被告の側であれ、宣誓補助者が、訴訟のどの時点においても、宣誓を躊躇《ちゅうちょ》したり拒否したりした場合は、宣誓は破られたとされ、当事者は敗訴した。それが被告の側であれば、その者は有罪とされた。不実な宣誓つまり偽誓を行った者は、神の怒りをかい、雷に打たれるなどと信じられていた。

「神判」とは、裁判において神に判定を求める儀式とともに行われる物理的試験のことである。一般的には、宣誓を行った被疑者なり被告をして、その生命または身体の危険を冒させ、神の介入による超自然的結果を待って正邪を明らかにしようとする方法である。したがって、これは試罪法とも呼ばれる。ヨーロッパで行われた神判には、おおむね次のようなものがあった。

①熱湯神判　嫌疑をかけられている者に熱湯の中にその手を入れさせ、火傷《やけど》の程度を見て判定を下す方法。

②熱鉄神判　灼熱の鉄を持たせたりその上を歩かせたりして、火傷の有無で正否を決定する方法。

③冷水神判　水の中に証明者を入れ、浮かべば有罪、沈めば無罪とする方法。

④決闘裁判　法廷で両当事者に決闘用の武器を持って戦わせ、その勝者を正しい者とする方法。

ただし、決闘裁判と最初の三つの神判は区別した方がよい。三つの神判は証明者だけが一方的、つまり片務的に試罪するのに、決闘の場合、両当事者が互いに、つまり双務的に関与する。前三者が受身の、偶然的で拷問に近い証明であるのに対し、決闘は主体的な、自己の実力に懸けることのできる証明という性格を持つ。そこに決闘裁判に特有の要素がある。さらに、決闘の場合、他に比して「超自然的性格」が希薄である。エルザ姫の事例に明らかなように、また後に考察するように、女性や老人などは代理人を立てることができた。これなど、「超自然的性格」を期待している、とはとうてい思えない。

したがって、私は、前三者のような神判を純粋な神判、決闘裁判を不純な神判と規定しておくことにしたい。決闘裁判は「純粋な神判」とは異なり、神に訴えるという形式はとっていても、結果については「奇跡」に期待するところが少なく、神の力に頼りきらない自力救済の要素を強く持っている。その人間的要素の部分が決闘裁判においては重要であり、その意味でそれは神判としては「不純」といえる。このことについては、後で改めてふれることにしよう。

自己中心的世界認識

宣誓や神判がヨーロッパ中世において高い地位を誇りえたのは、この時代には文字や証書よりも動作が重んじられたためである。また、神判が、そもそも人々の心性に深く根ざしていたからである。ロシアの歴史家グレーヴィチはそれをこう説明する。中世の法は「公正」と同義でありながら、近代的な意味での「真実」に向かうものではなかった。「真実」とは、「誓約」や「宣誓」によって、慣習による手続きを絶対的に守りつつ、法廷で語られることだった。「宣誓、儀礼、神明裁判、決闘は何かの物証や証拠物件以上に信用されたが、それは誓約の中に真実が開示され、儀式的な行為が神意にさからって遂行されることはあり得ない、と考えられた」（川端・栗原訳『中世文化のカテゴリー』）からである、と。

神判で重要なのは、形式にのっとって神に語りかけ、その結果を「超自然」のうちにみることだった。言いかえると、雪冤宣誓や神判が成り立つには、それに特有の世界認識が必要だった。その世界認識とは、身のまわりの自然現象や事件を起こしているのは、個々の因子や行為の因果関係ではなく、超自然的な力だと考えることである。

私たちは現在では、自然界での出来事を純粋に物理的な現象と理解する。だが、これは、そのような自然認識をもたらした科学革命（トーマス・クーン）以前の人々にとって、不可思議な考え方だった。というのも、自然界を支配する超自然的な力が神または神々によってこの世にもたらされていると信じられていたからである。この世のあらゆる出来事は、神または神々の意思の発露であった。神や神々は人間の行為を見守っており、そのありとあらゆる帰結はその意図に即している。人はただそれに従いさえすればそれでよい。というよりも、それに従わねばならない。人々はこう考えていた。

チャールズ・ラッディングという歴史家が、ピアジェの発達心理学を援用しつつ指摘したように、これは「自己中心的《エゴ・セントリック》」な世界認識であった。ラッディングによれば、神が自分のことを常に見ているという心理状態は、ちょうど太陽や雲が自分の歩みに付き従ってくると信ずる子どもと同じだという。子どもがしばしば自然現象を自分にとって意味のあることと理解するように、古いパラダイム（認識の枠組み）の中にある人々にとって、すべての出来事は意味に満ちあふれ、自分に関係する。そこでは、自然現象や物理的現象も、自己の行動とは切り離せない。人々の悪しき行動と彗星の出現、自己の不正な証言と落雷は無関係ではありえない。

このように、自己のこの世での言葉や行為に対して不可思議な自然現象が発生することを、人々は奇跡と呼んだ。

神の奇跡

奇跡は、ゲルマン社会へのキリスト教の布教、浸透の過程で大きな役割を果たした。とくに神判は、明白なかたちでキリスト教の神の正しさ、優位性を人々に示すために広く利用された。

メロヴィング朝フランク王国の有力な聖職者であるトゥールのグレゴリウス（五四〇頃―九四年）の『殉教者の栄光』第一巻第八一章に、次のような話がある。

あるとき、アリウス派の司祭とカトリックの助祭が論争した。決着がなかなかつかないので、ついにカトリックの助祭はこう提案した。「われわれは長い論争に飽きてしまった。真理は事実によって証明するべきである。釜を火にかけ、煮えたぎった湯の中に指輪を入れよう。その指輪を煮えたぎっている湯の中から取り出す者が正しい、ということをわれわれは認めねばならない。それゆえ、汝、異端者よ、わたしが聖霊の助けによってこれに成功したならば、汝は聖なる三位一体のもとに不和も矛盾もないと告白するものと思え」。アリウス派の司祭はこれに同意し、二人は、翌朝に決着をつけることにした。

しかし、カトリックの助祭は興奮から醒めると、にわかに不安に捉われた。夜が明けると、彼は耐えられなくなり、ついに油に腕をひたし、軟膏を塗り込んだ。その後、教会を訪れ、主《しゅ》に成功を祈願した。二人は第三時（午前九時）に広場《フォルム》（＝裁判所）にやってきた。広場には、これを見るためにすでに人々が集まっていた。火がつけられ、釜が置かれ、湯は煮えたぎった。指輪がその中に入れられた。カトリックの助祭は、まず相手が先に試みるように要求した。しかし、アリウス派の司祭は、要求を拒絶して言った。「汝がこの方法を持ち出したのだから、汝が取り出すべきである」。

そこで、助祭は腕を出した。しかし、敵対者は腕に油が塗られているのを見て、大声で叫んだ。汝は魔術に頼り、腕に油を塗った。汝が行うことはすでに無効だ、と。カトリックの側は危機に陥った。しかし、この光景を見ていたラヴェンナ出身のヤキンクトゥスというカトリックの助祭が代わって試みることを申し出、釜の中に右腕をさしいれた。投げ込まれていた指輪はたいへん軽く小さかったので、容易に発見することはできない。火はますます強まり、湯は煮えたぎっていった。しかし、一時間たって、ついにヤキンクトゥスは指輪を探し当て、これを取り出すことに成功した。そのとき、このカトリックの助祭は、湯の表面の方は適度な熱さだったが底は冷たかった、と述べた。

アリウス派の司祭はこれを聞いて自信を持ち、手を釜の中に入れて「私の信仰は私を助けるであろう」と叫んだ。だが、手の肉はたちまち溶けだし、後に残ったのは骨だけであった。「この争いはこうして終わった」。

この神判は、カトリックとアリウス派のいずれの信仰が妥当かを決定するために行われた。双方が、正しい側のために神が奇跡を引き起こすことを信じ、かつそれを期待して、熱湯の中に手を入れている。

おそらく、アリウス派の司祭とカトリックの助祭が熱湯による決着に合意したのは、当時のフランク人の間で、なにごとにつけ神の判断を仰ぐことが一般的に用いられていたためであろう。カトリックはその慣行を利用して、勢力を拡大した。グレゴリウスの筆致からみて、神が常に奇跡を起こしてくれることを、人々は信じて疑わなかったはずである。

戦争という神判

グレゴリウスはまた、メロヴィング朝の開祖クロヴィスのローマ・カトリックへの帰依について『歴史十巻（フランク史）』で記述しているが、そのきっかけも一種の神判だった。

フランク国王クロヴィスの王妃クロティルデはブルグンドの王族の出で、アタナシウス派のキリスト教徒だった。彼女は、クロヴィスが崇拝している神々は無価値で、自分たち自身も他の人々も助けることはできないと主張し、王に改宗を迫った。が、クロヴィスは、王妃の訴えを退けていた。

ところが、四九六年のアラマン人との戦いの中で、クロヴィスはその態度を翻《ひるがえ》すにいたった。というのも、王は、アラマン人との戦争でキリストの神を頼りとして勝利を得ることができたからである。自身の軍隊が全滅に瀕したとき、これを見た王は、目を天に向け、悔恨の心で涙を流して言った。「クロティルデが、生ける神の息子であると説いているイエス・キリストよ、困っている者に援助を与え、あなたに望みをおく者に勝利を与えると言われているイエス・キリストよ。私は心からあなたの援助の光栄をお願いします。もし私にこれらの敵に対する勝利を恵んで下さるなら、そして私が、あなたの名によって清められた人々が、あなたについて認めたと説いているあの奇跡の力を体験したならば、私はあなたを信仰し、あなたの名によって洗礼を受けましょう」（兼岩・臺訳『歴史十巻（フランク史）』、以下同）。

そのとき、クロヴィスは、「われわれの神々」を呼んだが、その神々は「われわれ」を助けてくれない、と訴えている。神々は「彼らに仕える者を助けてくれない」のだから、「何の権力も備えていない」。だから、クロヴィスは「敵の手から私を救って下さりさえすれば、私はあなたを信仰することを望みます」と叫んだ。すると、とグレゴリウスは記す。アラマン人は背を向けて逃走し、降伏した。クロヴィスは「戦争を止《や》めさせ、人びとを訓戒し、平和に帰国し、いかにしてキリストの名に呼びかけて勝利を得たかを王妃に語った。これは彼の治世一五年のことである」と。

こうしてこの四九六年に、クロヴィスはランスの司教聖レミギウスによって洗礼を受け、キリスト教（カトリック）に改宗した。クロヴィスとともに、三〇〇〇人を超える戦士たちも洗礼を受けた、とグレゴリウスは多分に誇張して伝えている。

この話の信憑性については、もちろん多くの疑問が出されている。だが、それはそれとしても、クロヴィスが神に呼びかけ、それに神が応えるというかたちは、やはり当時の人々の感覚を率直に伝えているように思われる。戦争の結果は一つの神判であった。そして、この神判は、一方では、神々が併存し競争していた時代にあっては、どの神が強く、利益をもたらし、真に信仰に値するかを知るための試金石でもあった。この神判のレースで勝利したのは、中世ヨーロッパでは、キリスト教（カトリック）の神であった。

キリスト教以前の神判

クロヴィスは、キリスト教に改宗しただけでなく、フランク人の最初の代表的な法典、「サリカ法典」（五〇七―一一年頃）を編纂させている。「サリカ法典」には、神判に関わる規定も載っている。その法文はこうである。

熱湯神判より手を請け出すことについて
一　もし人が熱湯神判を宣告され、その手を請け出し宣誓補助者を提供することが同意されるならば、その者は、六〇〇ディナリウス（すなわち一五ソリドゥス）

を贖罪金とする事件であれば、一二〇ディナリウス（すなわち三ソリドゥス）によりその手を請け出すことができる。（「サリカ法典」第五三章の一）

「手を請け出すことができる」というのは、神判を宣告された場合でも相手側に「請け出し金」を払えば、宣誓によって雪冤することが許される、という意味である。贖罪金というのは、相手側への賠償金である。一般的にいえば、フランク時代の裁判では、たとえ人を殺した場合でも、贖罪金の支払いで済むことが多かった。さもなければ、親族が復讐した。このように、贖罪金か復讐かという慣行は、ゲルマン的といわれている。「サリカ法典」そのものが、クロヴィスがカトリックに改宗してまもない頃に作成された、ゲルマン的慣習法の採録集と考えられるから、この第五三章の規定もおそらく、ゲルマン的な慣行を文章化したものであろう。

とすると、こういうことになる。第五三章の規定は、日本でいう盟神探湯《くかたち》、つまり熱湯神判で無実を証明するように「宣告された」フランク人が、手の請け出し金を支払うことによって雪冤宣誓での証明に代えることができる、というものである。熱湯神判そのものの規定はないが、こう書かれている以上、熱湯神判が法的制度として存在していたことは確かであろう。だとすると、神判はフランク人のキリスト教化以前からゲルマン人の間にあった方法ということになる。

もっとも、贖罪金によって復讐を妨げ平和を維持しようとしたのは、キリスト教の影響だった、という説も有力である。この解釈に従えば、第五三章は、もはや神々との競争の段階を終え、勝利したキリスト教の神が人間たちの紛争の解決にのりだした、ということになる。

その当否はともかくとして、「サリカ法典」は、その後もフランク王国のもとで繰り返し利用され、勅令が付加され、王国の実定法としての効力を持ちつづけた。私は、第五三章の前提となる神判をゲルマン的慣行と考えているが、たとえそうだったとしても、その過程で、この規定がキリスト教の神という意味での神判と理解されるようになっていったのはまちがいない。

宣誓と神判

第五三章の規定で気になることがもう一つある。フランク人の間で雪冤宣誓と神判の関係はどのようなものだったのであろうか。

一般的には、宣誓補助者を提供できるほど地位のある者や名声を有する者は宣誓で身の潔白を証し、地位が低かったり評判が悪かったり不自由人であったりする者に神判が課せられたといわれる。

神判に関する最近の研究で、ロバート・バートレットは、宣誓は、もともと雪冤のための基本的な証明方法で、神判は他に方法がない場合の「最後の拠《よ》り所《どころ》」(竜崎喜助訳『中世の神判』)にすぎないという。また、神判の対象も、姦通や父性をめぐる性に関わる争い、密殺や夜間の窃盗、異端や異教などの信仰をめぐる争いなど秘密性に関わることが多いと指摘している。しかも、これは純粋な神判の場合である。決闘も含めると、大逆罪や土地を中心とする財産をめぐる争いもこれに含まれる。

バートレットがいうように、通常の証明や宣誓が困難な人や事件の場合に神判が用いられた、と考えてよいと私も思う。一一世紀の神学者シャルトルのイーヴォもまた、「通常の告訴がなされて、人間の証明がまったくないときに、最後に神の証明に頼らねばならない」と記している。ただ、神判が命じられた場合でも、「サリカ法典」では、金銭によって雪冤宣誓に代える「手の請け出し」が制度化されていた。この点を考えると、神判が「最後の拠り所」だったとは必ずしもいいきれない面もあるように思える。宣誓と神判の関係は依然として不透明である、というのが正直なところであろう。

もっとも、この問題にそうこだわることはないかもしれない。雪冤宣誓と神判は、必ずしも常に対立的とはいえないからである。そもそも宣誓は神に誓うのだから一種の神判である。また、熱湯や火を用いる神判にあっても、実行者はそれぞれ自己の主張の正当性をまず宣誓によって確認する作業を必要とした。

ハーバード・ロースクールの教授であったH・J・バーマンはこれを「前宣誓」と呼んでいる。この「前宣誓」に続いて神判にいく場合もあれば、雪冤宣誓に進むこともあった。

ちなみに、バーマンは牛の窃盗の事例をあげて、その前宣誓の内容をこう紹介している。

原告：この聖遺物を聖なるものとしている主に誓って、私は、完全な権利により、かつ欺瞞や虚偽なしに、またいかなる狡猾さもなく、訴える。私が請求し［被告と］ともに差し押さえた、これらの牛が私から盗まれたからである。

被告：主に誓って、私は、原告の牛が違法に連れ去られたところで、話すことも行動もしておらず、首謀者でなければ実行者でもなかった。（『法と革命』）

言葉づかいからはっきりとわかるように、これは、すでにキリスト教的宣誓に属する。宣誓そのものはキリスト教以前からあったと推測されるが、キリスト教の様式が不可欠の構成要素となったため、今日ではゲルマン的宣誓の原型はほとんどわからない。

ゲルマン人はキリスト教化し、キリスト教もゲルマン化する

重要なのは、神々または神の前で定まった方式で誓うことだった。この点に限れば、おそらくフランク人にとって、キリスト教の登場はそれほど大きな変化を意味しなかったかもしれない。変化は、宣誓や神判という慣習を、神々のもとではなく唯一神のもとで行うということ、それだけだった。そもそも、クロヴィスの例が示しているように、ゲルマンの複数の神々は、新しい神の力の前に無力だった。キリストの神だけが強く、戦争でフランク人に、神判で信仰者に勝利をもたらした。神を替えて不都合なことは何もないではないか。

キリスト教会は、この点で巧妙だった。教会は、キリスト教をゲルマン人の間に広めるために、ゲルマン人が行っていた誓約や神判を利用したと思われる。『聖書』には純粋な神判を思わせる記述はなく、神判はキリスト教の教義に内在するものではなかった。

だが、教会は、まず神判を利用してゲルマンの神々に勝ち、自己の正しさを伝えた。それどころか、裁判の中に入り込んでいった。誓うべきは神々ではなく、唯一の神でなければばならない。教会は、神判に際して、キリスト教的な儀式を定め、それを神判に不可欠の形式とすること、つまり、神判をキリスト教化することに努め、それに成功した。その意味では、ゲルマン人はキリスト教化したが、キリスト教もまたゲルマン化したのである。神判がキリスト教化されたフランク王国のもとで広く行われることになったのは、そのためであろう。

こうして、資料の点から見ても、ローマ教皇によってローマ皇帝として戴冠され、全キリスト教世界の指導者となったカール大帝（七四二―八一四年）以前の時代には、神判にふれているものは少ないが、それ以降は飛躍的に増加する。むろんそれ以前に神判が存在したことは、カール大帝自身が七七五年に、ある権利をめぐる紛争に際して、他の証明手段がない場合には「長期に及ぶ慣習が求めているように」神判に委ねるべし、と命じていることからも明らかである。

このような判断をキリスト教的に表現したカロリング時代の勅令によれば、「疑わしい事件の場合」には、判決を「神判」に委ねることが勧められる。「人々が確実に認識していることは裁判官の判断に、人々が知らないことは神判に委ねよ。神が自らの判断のもとに置かれた事件は、人間の審査によって非難されることなどできないからである。すなわち、われわれは不確実なことがらを、主が来られるまでは、先走って何も裁いてはいけない。主は闇の中に隠されている秘密を明るみに出し、人の心の企てをも明らかにされるであろう」。「主が来られるまでは」以下の部分は『聖書』の「コリントの信徒への手紙」(一・4・5、以下すべて新共同訳による)からの引用である。勅令は、証明が不確実な場合、神判に委ねるべきだと明記し、その理由をはっきりと『聖書』の言葉で語っている。フランク王国のもとで神判がキリスト教と一体化していったさまを、ここからもうかがうことができる。

神判の拡大

キリスト教的儀式を組み込むことによって、神判はフランク王国のもとでキリスト教化されていった。神判は、キリスト教とフランク王国という二つの強力な権威と結合し、ヨーロッパ全域に普及していく。

私はいま、神判が「ヨーロッパ全域に普及していく」といった。実は、決闘裁判は別として、ゲルマン人の諸部族のもとで熱湯や冷水による完全な神判が一般的に利用されていた、という記録は少ない。神判についてふれている比較的初期の法としては、アイルランドの法や「サリカ法典」の他には、同じくフランク人に属する「リブアリア法典」（七世紀）や、現在のイングランドにあたる西サクソン人の「イネ法典」（六八八―九四年）、北イタリアに住むランゴバルド人の「リウトプランド王の法」（七二三年）、現在のオランダの近辺に属するフリースラント人の法があげられるくらいである。アイルランドの法系がまったく別個に存在しているのを別とすれば、あとは、フランク王国とそれに隣接していてフランク人の慣習の影響を強く受けた地域の法である。

とすれば、バートレットが指摘しているように、火や水を用いる神判は、ゲルマン諸部族のもとで一般的に存在していたというよりも、まずフランク人によって主として用いられ、フランク王国がキリスト教国家として拡大する過程で、ヨーロッパ各地に浸透していったと考えるのが穏当であろう。

このような判断を裏付けるものとして、バイエルン伯タッシロの出した七七二年の法令があげられる。この法令は、債権をめぐる争いで行われてきた「異教徒たちの古い慣習」とそこに認められる「偶像崇拝」を否定し、新しい方法を推薦している。それは、「われわれの右手を神の正しい判決へと差し出そう」と規定した。「右手を差し出す」という表現は、右手がキリスト教の神に宣誓する手であるから、神に向かって宣誓することを意味した。この宣誓は、神判の手続きに組み込まれた前宣誓であろう。

また、西スラブ人に対する神判の強制をあげておくこともできるだろう。一一五〇年頃、現在は北ドイツのリューベクやオルデンブルクのあたりには、バルト・スラブ人と呼ばれる人々が住んでいた。彼らは、独自の信仰を持ち、キリスト教の伝道に敵対していた。しかし、ザクセンのハインリヒ獅子公の権力がこの地域にも及び、攻撃と掠奪《りゃくだつ》が日常化する中で、スラブ人たちは改宗を強制された。また、「木の下や泉のほとり、石のかたわらで誓うことを禁止され、犯罪を行って訴えられた者を熱鉄もしくは鋤《すき》の刃で審問するように司祭に委ねることを余儀なくされた」(『スラブ人の年代記』第八四章)。異教徒たちも神に誓っているが、それは彼らの神々であって、キリスト教の神ではない。異教徒たちは、キリスト教の神と儀式により、「神の裁き」を受け入れることを強制されたのである。

熱湯神判

キリスト教の勝利の過程と結びついた神判の儀式とは、具体的にどのようなものだったのであろうか。以下、純粋な神判について、ドイツの歴史家ゲングラーの『ゲルマンの法古事録』などによりながら、儀式のあり方といくつかの実例を示してみることにしよう。まず、熱湯神判から始めよう。

儀式は、司祭の唱えるミサとともに始まる。ミサの後、司祭は神判の実行される場所に進む。聖書と十字架を持ち、ゆっくりと連禱《れんとう》（司祭が祈願し、会衆がいっせいにそれを唱えること）を行う。連禱を終えて、司祭は神判にあたって用いる水を沸騰させる前に悪魔払いし、祝福する。その後、司祭は被告の衣服を脱がせ教会の清められた祭服、つまり悪魔払いをする者（エクソシスト）または助祭の衣服を着せる。さらに、被告を福音書とキリストの十字架像にキスさせる。

司祭は、それから被告に水を振りまき、神判に向かうすべての者たちに聖水を飲ませるが、その際一人一人に次の言葉を与えたという。「私はこの水を本日、奇跡のためにあなたまたはあなたたちのために与えた」。それから、木切れが釜の下に置かれる。水が温められていく間、司祭は祈りを続け、手を熱湯の中に入れる者も主に祈りを捧げ、（洗礼式のように）自身に十字架の形を記す。

湯の煮えたぎっている釜をさらに火に近づける作業がこれに続いた。裁判官は適当な大きさの石を定まったやり方でその熱湯の中に浮遊させる。神判を受ける者は、神に誓ってその石を引き出さねばならない。

その後、被告の手に包帯が慎重に巻かれ、裁判官の印章で封印され、三日間そのままにおかれる。その結果が検討される際には、それにふさわしい人々が判断を下した。結果の判定に関わる問題については後に論ずるが、とにかく熱湯神判の儀式の中で司祭の果たす役割が決定的に大きいことは明らかであろう。司祭は神と神判実行者の間に介在し、神意を探る不可欠の役回りを担っていた。

それどころか、中世初期においては、聖職者は神判のキリスト教的性格を素直に受け入れていた。聖職者たち自身がしばしば事件の当事者となって神判を受け、その結果を神の裁きと称えた。たとえば、聖母マリア・アンジェ修道院と近隣の貴族たちとがいくつかのぶどう園をめぐって争った事件で、勝者となった修道院は次のような記録を残している。

全能の神は、貴族たちがぶどう園を不正に請求していたことを適切な判決を示すことによって明らかにされた。ミサが執り行われた。貴族の中の一人であるヘルナルドスは、肉と血の聖餐を受け、聖人の遺物の上に手をおいて通常の宣誓を行った。彼はそれからすぐに視界を奪われた。そのために彼は、……手を入れるための釜に向かう道を危うく見つけることができないところだった。彼が再びその手を熱湯から取り出したとき、手が焼かれただけでなく、体の内側の心まで火傷したと彼は告白した。彼の保証人たち、つまりあの貴族たちは自らの罪を知覚させられた。ヘルナルドスはその手に包帯を巻き普通の仕方で封印をさせるとき、痛いので何が触っても我慢できないと語った。それゆえ、三日間がすぎるまでそのままにしておかれたが、その手は膨れ上がり、火傷し、完全に腐っていた。こうして、神の力により真理が明らかになり、偽りが打ち壊された。聖なる修道会は、正当に自らのものであるぶどう園を持ちつづけることになった。

熱鉄神判

熱鉄神判は比較的古くからみられ、ヨーロッパ全域に広がりを持っていた。西はイングランドやスペインから東はビザンティンやエルサレムまで、北はスカンディナビアから南はナポリにいたるまで流布していた。

熱鉄神判には大きく二つの類型があった。一つは灼熱の鉄を手に持つ方式で、もう一つは熱い鋤の刃の上を歩くという方式、つまり鋤の刃裁判であった。

前者の方式は、おおむね次のようなものであった。告発が合法的になされた後、断食と祈禱の三日間が必要とされる。その三日間がたつと、聖化された祭服を着た司祭が、「主よ、そのすべての作業を祝福したまえ」という讃美歌のうちに、火ばさみで祭壇の前の鉄をつかみ、それを火のもとに運び、神判の下される場所に向かってこう祈る。

「おお、主であらせられる神よ、この場を祝福されよ。この場において、われらのもとに、神聖、貞潔、徳、勝利、そして信心、謙遜、善、優美、十分な法、父である神と子と聖霊への服従がありますように」

ランバハ修道院写本中の彩色画。「火の中の鉄の祝福」と書かれている。熱鉄神判の儀式が描かれている。左側に福音書を掲げた聖職者がいる

この後、鉄は火の中に置かれ、聖水がかけられる。鉄が熱せられている間に司祭はミサを唱える。聖餐式を行うときには、被告はそれに参加することが強要される。その後、司祭は聖水を鉄にかけ、「神の正しい判決が明らかになるように、父である神と子と聖霊の祝福がこの鉄に下りますように」と唱えた。

被告は、熱鉄を持って真っ直ぐに九フィート歩いた。その手は包帯で巻かれ、封印が施される。三日後に、もし膿《う》んだ血が見出されるならば、彼は有罪とされた。しかし、手が傷ついていなければ、その者は無罪とされた。

この儀式は、熱湯神判のそれとほぼ同じである。聖職者が鉄と儀式を聖化するのに積極的に関わっている。火と熱を利用する二つの神判の儀式に聖職者が加わることについては有力な批判もあった。だが、これを神学的に正当化した碩学《せきがく》もいた。ランスの大司教ヒンクマール(八〇六頃―八八二年)である。ヒンクマールは、『ロータル王と王妃テウトベルガの離婚』(八六〇年)という著作で、熱を利用する神判が『聖書』に即して正しいとされる考え方をこう示している。

なぜなら、熱湯において、罪ある者は火傷させられ、無実の者は無傷のままだからである。けだし、ロトはソドムの町の火事で傷つかなかったし、恐ろしい最後の審判に先行する未来の火は、子どもたちをけっして襲うことのなかったバビロニアの焦熱地獄のように、聖人に対しては無害で、邪悪な者を焼き尽くす。
(『ロータル王と王妃テウトベルガの離婚』)

こうして、聖職者たちは、安んじて熱湯や熱鉄神判に関わりつづけたのである。

『トリスタンとイズー』

熱鉄神判の具体的事例を見てみよう。多いのは、姦通の疑いをかけられた女性が無実を証明するために、この神判を受けるという話である。中世の有名な恋愛物語『トリスタンとイズー』で、イズーがこの神判によって身の証《あかし》を立てる場面があるが、これは、神判による姦通の雪冤がごく当然とされていたからであろう。佐藤輝夫訳『トリスタン・イズー物語』（岩波文庫）によりながら、その熱鉄神判のくだりをここで紹介しておこう。

コーンウォールの王マルクは、アイルランドきっての美女イズーを妻に迎えようとして、勇士トリスタンを遣わした。トリスタンは、悪龍を退治して、懸賞とされていたイズーを得ることに成功し、帰国の途につく。ところが、その途上で、二人は過って媚薬入りの酒を飲み、「愛にすべてを棄てて互いに身をまかせてしまった」。

イズーはマルク王のもとに嫁ぎ、王妃となるが、悪しき臣下のためにトリスタンとの不倫の嫌疑をかけられ、厳しい処罰を受けることになった。だが、トリスタンはイズーを救出し、二人は森の中で暮らす。やがて、トリスタンはイズーのことを思い、決闘で身の証を立てるとの言葉のもとに王に許しを請う。トリスタンが国を去るとの条件のもとにイズーは再び王妃として迎えられた。だが、そのとき、例の悪人たちは王妃に身の潔白を示すために「神の裁き」を受けさせるように王に進言した。「身が潔白であるならば、その身の穢《けが》れなきことを聖者のお骨の上に誓うくらい、なにほどのことでしょう。心に罪がなければ烈火の中で灼《や》けた鉄を握るくらい、なにほどのことでしょうか。この国に昔から行われている習慣が、これを命ずるのです。かようなわけもないお証しによって、前々からの疑いも永久に消されてしまうでございましょう」と。

こうして妃は熱鉄神判を受けることになる。彼女は、一計を案じた。トリスタンを巡礼に扮装させて、川辺におりる際に裾を濡らさぬためという名目で、この巡礼に身を抱かせたのである。そのうえで、皆の前で、「わたくしはここなる聖者の御骨と世のすべての聖者のそれに誓って、ここにお誓い申します。およそ女人の腹から生まれました男子にして、わが主マルク王さまと、たったいまここに居並ぶみなさまのご面前にて倒れ臥しました、あの巡礼をほかにして、わたくしをその両の腕《かいな》に抱いたものはございませぬ」と誓った。

マルク王はこれを受けて、神に裁きを求めた。イズーは灼熱の鉄に向かう。作者はこう続ける。

「アーメン」

こういって、顔を蒼白にしてよろめきながら、妃は烈火に近づいた。すべての人々はおし黙った。鉄はまっ赤に灼《や》けていた。彼女は燠《おき》の中に両腕を差しこんで、鉄の棒を握り、それを持ったまま九歩あゆむと、それを投げすて、掌《てのひら》をあけて、腕を十字にひろげて立った。みれば彼女の掌は、梅の木の生梅よりも綺麗《きれい》であった。

このとき、すべての人々の胸の奥からは、神をたたえる感嘆の叫び声が天にむけてどっと上がった。

イズーは、いわばトリックのうえに誓約をし、首尾よく神判で勝利する。いささか気になるところである。だが、神を欺いていないか、というこの疑問に対する答えは、「罪を裁断するものは、外にみる事実ではなく神さまの御裁《みさば》きである。人間は事実をみるが神さまこそは心をみそなわすものである。そして、神さまのみまことの判官である」という、作者の言葉のうちに見ることができるだろう。

神はすべてを見通し、神のみが真の判決を下しうる、という信念がここにはある。これこそ、中世人の心情というものではないだろうか。

鋤の刃神判――聖女クニグンデ

熱い鉄を用いるもう一つの神判は鋤の刃神判であるが、これについては、やはり王妃の姦通に関わる有名な事件がある。

神聖ローマ皇帝ハインリヒ二世（九七三―一〇二四年）は、一一四六年に聖人に列せられた敬虔な政治家であった。彼は、バンベルクに司教座を設置して、とくに北の異教徒ヴェンデ人の教化と征服の一拠点をつくったことで有名である。

この皇帝の妻の名をクニグンデという。彼女は夫とともに教会の振興に努め、一二〇〇年にインノケンティウス三世によってやはり聖人とされている。

さて、このような話からすると不思議なことであるが、クニグンデが皇帝によってあらぬ疑いをかけられ神判が行われた、という逸話が残っている。バンベルクの助祭アダルボルトの手になる『聖ハインリヒの生涯　補遺』によると、それはこうであった。

クニグンデは不倫のかどで告訴された。自分にかけられた疑いを晴らすために、王妃は皇帝に裁判を開き、有罪か無罪かを決定するように頼んだ。皇帝はクニグンデの願いを聞き入れ、帝国の諸侯を裁判に招聘《しょうへい》した。皇帝と諸侯が裁判の場に列席する中、クニグンデは臆することなく登場した。クニグンデは、「告訴を受けたいま、もっとも厳しい証明、つまり一二枚の灼けた鋤の刃による証明によって、諸卿の前で、恥ずべき疑いから身を晴ら」したいと訴えた。

一二枚の灼けた鋤の刃が教会に運ばれた。そこへ、二人の高名な司教がクニグンデを伴ってきた。皇帝は火花を散らし熱気を立ち上らせている鋤の刃を見て、怒っていたにもかかわらず憐憫《れんびん》の情をもよおし、昔の愛を思い出した。彼は、王妃に思いとどまるように伝えた。だが、クニグンデはこれを拒絶し、天に目を向けて語った。「主よ、すべてを見られ、すべてが明らかな主よ、私はいまあなたを証人として喚問いたします。ここにいるハインリヒであれ他のどの男であれ、私を愛の抱擁のうちに抱いたことはないことをお証しください」と。

王は怒り、秘密を隠すために王妃の口をふさごうとしたが、あまりにも乱暴だったので、王妃の口から多くの血が流れ出た。王妃はかまわずひざまずき、敬虔に祈った。「世界の王であらせられる主よ、哀れなクニグンデをお助けください」。こうして、クニグンデは神判に向かう。『聖ハインリヒの生涯　補遺』はそれをこう伝えている。

列席者たちが灼けた鋤の刃を見て恐れおののく中、クニグンデは、まるで花が咲きほこる草原のように、その上をゆっくりと歩いていった。王妃は、一一番目の鋤の刃に達し、一二枚目の刃のうえに無傷で静かに立った。この尊敬すべき女性は、主の加護によって悪魔に打ち勝った、と天の王を褒《ほ》め称えた。

クニグンデは、すべてを天上から見ている神が正しい判断を下してくれる、という確信に基づいて行動している。自己中心的な世界認識とキリスト教信仰との固い結びつきがここでも明らかである。

冷水神判

神判のもう一つの主要な形態は、冷水を用いるものである。冷水の場合にも、儀式は必要であった。

まず、被告を清める作業のために、聖職者は次のように唱えた。「洗礼を水によって行うように定められ、また、洗礼によって人々の罪を救済された全能の神よ、その慈悲により、水を通して正しい判決を下し給え。もし被告が有罪であれば、洗礼で汝を受け入れた水がいまや被告を受け入れませんように。しかし、もし被告が無実であれば、洗礼で被告を受け入れた水がいま被告を受け入れんことを。われらの主キリストによりて」。

その後、司祭は水を清め、悪魔払いをしていう。「汝、水よ、汝をはじめに創造した、父なる全能者の名において、余は、かの男が告発されている非難について何らかの点で有罪であるならば、その者をけっして受け入れないように、しかして彼をして汝のうえに泳がせよ、と懇願するものである」。

この後、司祭は、被告の衣服を脱がせ、福音書、聖遺物、キリストの十字架像にキスをさせた。それから、聖水をかけ、ただちに水の中に投げ込ませる。その際、被告を縛ったうえで袋に入れたり、直接水につけたり、大樽の中に水を入れたり、川を利用したりと、方法は必ずしも一定していない。いずれにせよ、浮かべば有罪である。

冷水神判については、ヒンクマールがやはり次のようにその正しさを伝えている。

嘘をついて真理を隠そうとする者は、主の声がとどろきわたる水の中には沈まないであろう。なぜなら、水の純粋な性質は、洗礼の水によってあらゆる虚偽の姿から洗い清められたのに再び虚偽に染められたその人間の本質を純粋なものと

ランバハ修道院写本中の彩色画。絵の中の言葉は、冷水審にかけられた被疑者が神に救いを求めるもので「詩篇」による。左側に福音書を掲げた聖職者がいる

は認識せず、それゆえ彼を受け入れず、無縁なものとして排斥するからである。(『ロータル王と王妃テウトベルガの離婚』)

冷水審の話は多いが、高僧が自ら実行した珍しい例がある。ランのアンセルムスという一二世紀初頭に活躍した神学者がその人である。彼は、カンタベリの偉大なアンセルムスの弟子で、アベラールの師であった。ランのアンセルムスは、一一世紀の終わり頃、ランの大聖堂神学校の教師となっていたが、その頃、大聖堂の聖瓶が盗まれるという事件があった。このとき、彼は冷水神判を用い

るように提案した。ただ、容疑者がわからないので、アンセルムスは次のような案を出した。

各教区から子どもを一名出させ、水神判を行いふるいにかけたうえで、今度は疑わしい教区について各々の家から子どもを出させ神判にかけるならば、どの家に犯人がいるか判明するだろう、と。

だが、教区の人々はこれに憤慨し、聖瓶を盗む機会は教会の内部にいる者たちの方が多いのだから、まずそこから神判を始めるべきだと主張して、受け入れられた。

そこで、六名の教会関係者が選ばれた。ひとり第六番目の試行者だけが、不安にかられて、ひそかに手足を縛って満杯の桶につかる実験をし、底に沈むことに成功した。当日、大聖堂内で神判が挙行された。聖堂内は見学者で一杯だった。人々が見守る中、次々と神判が行われていった。一番目の者は沈んだ。二番目は浮いた。三番目は沈み、四番目が浮いて、五番目はまた沈んだ。そして、最後の六番は、実験の成果とは逆に浮いてしまった。彼は、無実であると抗議したが、共犯者とともに有罪とされた。この六番目の人物こそ、かのアンセルムスであった。

ちなみに、冷水神判は、異端審問と同様に、魔女の判定にも用いられた。この方法は、いったんは否定されたが、一六―一七世紀の魔女狩りの時代になると再び復活し、猛威を振るう。一六世紀にその現場に居合わせたスクリボニウスという人物は、魔女と疑われた女性が浮かぶさまを見て感動し、浮いたのは悪魔との交わりによるものだと記している。

魔女に対するこの神判は、かなり後まで用いられた。トランシルヴァニアや西プロイセン、ハンガリーでは、一八世紀になっても頻繁にこの方法を用いていたらしい。一九世紀にもその記録はある。ダンツィヒ近郊のヘラという町の人々は、魔法使いという噂のある老婆を二度も海に投げ込み、二度とも浮かんだので、殴り殺したという。一八三六年のことである。

決闘裁判

決闘裁判については次章以下で詳しく扱うので、神判らしい話をここで一つだけあげておこう。それは、エセックス伯ヘンリーの事例である。

一一五八年の対ウェールズ戦争でのことである。国王ヘンリー二世とともに戦場に赴いたエセックス伯ヘンリーは、いつものようにイングランド国王の旗手という大任を果たすことになっていた。ところが、彼は、戦局が危機的な時点でその旗を捨て、国王が殺された、と叫んでしまった。これは、裏切りでも反逆でもなかったが、イングランド軍はパニックを引き起こし、敗北寸前というところまでいった。

旗手には多くのライヴァルと敵があり、ついにロベール・ドゥ・モンフォールが議会でエセックス伯を反逆罪のかどで訴え、決闘裁判が行われることになった。二人はレディングで会い、修道院に近いテムズ川に浮かぶ小島で戦った。戦いは、ヘンリーの敗北で終わった。

ヘンリーは後に、このときのことをこう語ったという。「戦いが最高潮に達したとき、私は、武装した殉教者エドマンド国王（東アングリアの王で聖人。九世紀半ば、侵攻してきたデーン人と戦って敗れ、棄教を迫られるが拒否、殺害された）が怖い顔つきで空中に止まり、怒りのうちに私に向かって頭を振り回しているのを見た。この聖人の傍らには、自分が殺した一人の騎士が立っていた。騎士は復讐のまなざしで私をにらみつけた。私は驚きに我を忘れ、決闘の相手に突進していった。しかし、自分の一撃はかわされ、逆に打ち倒された」。

人々は、エセックス伯ヘンリーがこの一撃で殺されたと考えた。彼らは、レディングの修道士たちに遺体を埋葬するように伝え、去っていった。しかし、ヘンリーは死んでいなかった。ヘンリーはよみがえり、国王は彼に恩寵を施し、修道士として生きることを許した。こうしてヘンリーが後に、聖エドマンド修道院長サムソンに伝えたのがこの話である。ちなみに、サムソンは、ヘンリーの古くからの友人であった。

エセックス伯ヘンリーが決闘裁判で敗れたのは歴史的事実である。彼が本当に、聖エドマンドを決闘の最中に見たか否かはわからない。それは捏造《ねつぞう》かもしれないし、「見た」のは事実かもしれない。いずれにせよ、この話が聖エドマンドに関わる多くの奇跡の一つとして人々の記憶に埋め込まれたのは確かである。実際、一九世紀になってなお、トマス・カーライルがこの話について論評している。

十字架神判と聖餐神判

最後に、明らかにキリスト教的な神判をあげておくことにしよう。十字架神判とパンとチーズの神判または聖餐神判である。

十字架神判は、適切な儀式の後に、敵対者が互いに十字架の前で両手を十字に広げ、先に手をおろした方が敗れるというものであった。カール大帝は、領土を三人の息子たちに相続させるための勅令（八〇六年）で、息子たちの間で争いが生じ、問題が「人々の証言によっては明らかにも確定もされ得ない場合には」、「その疑わしいことの解決のために十字架の審問によって神の意思と事の真実」を求めるように命じている。

ところが、十字架神判はかなり早い段階で消滅している。まず、ルートヴィヒ敬虔帝が、キリスト教のシンボルを紛争に用いることに危惧の念を覚え、これを八一八―九年の勅令で禁止した。「キリストの受難によってその栄光がたたえられている十字架が、何者かの無思慮によって軽蔑されるようなことがあってはならないからである」。

もっともルートヴィヒ敬虔帝自身は、八三七年の勅令で、息子たちの領土の分割について父のカール大帝と同趣旨の勅令を出しているので、あるいは心変わりがあったのかもしれない。しかし、彼の子の皇帝ロータル一世も十字架神判を禁止した勅令を繰り返している。

ロータルの勅令が効力を持つ領域は限定的だったという説もある。彼の支配圏を考えれば、そうかもしれない。しかし、いずれにしても、十字架神判はその後、ヨーロッパ全域でほとんど見あたらなくなる。人々は、いかにもキリスト教的な神判よりも、民衆の伝統に根ざした他の神判の方を好んだのであろう。

パンとチーズの神判は、大きいパンと固いチーズを一気に飲み込むというもので、パンとチーズがキリスト教に深く関係していることに由来する。また、聖餐神判は、聖餐に用いられるパンとぶどう酒を利用して、パンをどれだけ飲み込めるかによって、その正否を判定しようとするものであった。これは、『聖書』のパウロの一文（「コリントの信徒への手紙」一・11）に由来するとされている。主イエスは、引き渡される夜、パンを「わたしの体」、杯《さかずき》を「わたしの血によって立てられる新しい契約である」と言われた、と。

聖餐神判は、一般的には聖職者に対して、まれに皇帝や国王に対して用いられる神判であった。これは、十字架神判よりも長く命脈を保ったが、使途と行使者とが限定されていた。方法はきわめて簡単である。聖餐式そのものが神判だった。いま説明したように、聖化されたパンとぶどう酒を飲み込むことができるか否か、その後に病気になるかならないか、で正否が判断された。この方法が用いられた出来事について、二つ紹介しておこう。

聖職叙任権闘争の最中、あの「カノッサの屈辱」の後、和解したグレゴリウス七世は、「彼の無実の証明として」聖餐式を執り行った。グレゴリウスは皇帝ハインリヒ四世にも聖餐の提供を申し出た。ところが、ヘルスフェルトのランペルトによれば、皇帝は準備が適切に整っていないと弁解して、これを拒否した。他の資料では、皇帝が聖餐を受けたことになっているので、この話の虚実は疑うに足りるが、これは、聖餐が「神判」として用いられた、ということを示している。

もう一つの話はやはりこのことと関係する。ハインリヒの側に立つアウグスブルクの大司教エンブリコは、教皇派であるシュヴァーベンのルードルフと会った後に、ハインリヒのもとに赴き、ウルムで聖餐神判を受けることにした。「彼の主人であるハインリヒの側に正当な原因があり、ルードルフが完全に不正である、ということの証明と（神の）判決」を得るためである。エンブリコは聖餐そのものは無事に終えたが、その直後病気になり、すぐに死んでしまった。ルードルフが勝った、と『ベルトルトの年代記』は記している。

この二つの例は、教会法の先端部分にあったローマ教皇とその側近たちの間でも、神判が信じられていたことを示している。

神判の起源

十字架神判と聖餐神判は、明らかにキリスト教的な性格を有している。しかし、これはむしろ特殊な神判で、一般に用いられることは少なかった。やはり熱湯と鉄と冷水を用いた神判、それに決闘神判が裁判では普通であった。考えてみると、もっともキリスト教的といえる十字架神判や聖餐神判が、少なくとも裁判の場でそれほど一般的に用いられなかったのは、不思議といえば不思議である。なぜ、それは、キリスト教世界で一般的な神判の方法にならなかったのであろうか。

もともと神判はキリスト教的なものではなかった、というのがその一つの答えであろう。神判は、キリスト教が支配的になる以前からゲルマン人の間に存在した。キリスト教は、意識的または無意識的に神判と合体し、異教徒に対して神判を強制するまでになった。いま見てきた神判の儀式は明らかにキリスト教的である。だが、いかにもキリスト教的な神判は、人工的な接《つ》ぎ木のようなものだった。十字架神判が廃止されるとただちに消失したのは、やはりゲルマンの大地に根を持っていなかったからであろう。

より一般的な純粋な神判である熱湯神判や冷水神判は、中世ヨーロッパだけでなく、人類のいたる段階で、また、さまざまな地域で行われてきたし、現に行われている。これは、神判が特殊キリスト教的でないことを示している。この点については、すでに穂積陳重《のぶしげ》が『法律進化論』で詳細に論及している。

穂積も指摘しているように、神判は、古くはアッシリアやバビロン、インドやペルシア、ギリシア・ローマやケルト、スラブやビザンティンに見られた。とくにインドでは、さかんに行われていた。

日本でも『日本書紀』に熱湯神判である「盟神探湯」の例が記されているのは周知

の通りである。比較法制史の大家、中田薫によれば、一〇〇〇年ほどの中断の後、神判は足利時代以降に再びさかんになり、熱湯や燃えた木（鉄火）を用いた起請文《きしょうもん》などが登場した。起請というのは宣誓をさし、すでに鎌倉時代から用いられたというから、これは、ヨーロッパとの比較という点でも、興味深い。また、現代でもアフリカやアジアの一部などで神判が用いられていることも、主として文化人類学者によって報告されてきた。

したがって、神判が特殊ヨーロッパ的でもキリスト教的でもないことは明らかである。それどころか、歴史的にはインドやアッシリア、ペルシアの神判の方がはるかに古い。それゆえ、神判研究の先駆者であるH・C・リーは、その広範にわたる神判研究をふまえて、ヨーロッパの神判の起源はインドにあるとさえ主張した。二〇世紀初頭のドイツでは、神判がオリエント起源なのか、ゲルマン起源なのかをめぐる論争も活発に行われた。

ピーター・ブラウンの説——神判はなぜ世界中に存在したか

さて、その角度から考えると、アメリカの歴史家ピーター・ブラウンの説が注目される。彼の機能主義的研究は、神判が世界中に存在したことを的確に説明してくれるからである。

ブラウンによれば、神判は中世的社会に相応《ふさわ》しい紛争解決方法であり、その限りでその社会にとって合理的な制度だった。中世にあっては、人々が暮らしていた世界は、血縁関係を軸にした「顔馴染《なじ》みの世界」、狭い共同体の世界であり、完結した小宇宙だった。その狭い世界の中でひとたび紛争が発生するとどうなるであろうか。それぞれが血縁関係を中心に敵対し、秩序の修復は困難となる。この破壊された秩序を平和的に取り戻すには、共同体の全員が納得する平和回復の儀式が必要であった。その儀式こそ神判にほかならない。

聖と俗が一体化していた中世ヨーロッパ（そして現代の未開社会）では、神が現世の紛争を解決するために登場しても何の違和感もない。それどころか、血縁や家や何らかの集団と強いつながりを持った個人相互の間に生じた争いを解決できるのは、実力行使を別とすれば、神しかいなかった。近代的裁判の場合、警察や軍隊を持った強力な国家が背後に控えている。だが、中世的世界には一方的に決定を押しつけうるほど強力な権力など存在しなかった。クニグンデの場合もイズーの場合も、疑っていたのは皇帝であり国王だった。しかし、彼らは神判を受け入れ、その結果を尊重せざるをえなかった。それは、彼らが絶対的な権力者ではなかったからである。

中世の裁判は、ある意味で、紛争で破壊された平和と秩序を回復する試みだった。絶対的な判決を与え、紛争に決着をつけることができるのは神だけだった。ただ、そこには人間の判断が入り込む余地が十分にあった。というのも、いったい誰が火傷の跡を判定するのであろうか。はたして、その基準はあるのだろうか。三日後になお膿《うみ》があるか否かという基準はあった。だが、実際の判定となるとその基準は曖昧《あいまい》だった。大部分の場合、あるともないともいえたであろう。ブラウンは、そこに神判の本当の意味を認めた。その判定を下すのは、実は共同体の「共通感情（コンセンサス）」だった、と。

「顔馴染みの世界」で起きた亀裂は、共同体全体の暗黙の「共通感情」によって修復されねばならない。神を介在させることによって、その「共通感情」は絶対的なものとして確定される。たとえば、ギベールという修道院長の伝える一一世紀末の話によると、ソワソン近郊で、ある異端者が冷水神判にかけられ、その身体が「棒切れのように」浮かんだのを見て、見物人は「歓喜」の声をあげたという。これは、結果に対する暗黙の「共通感情」がどこにあったかを示している。この儀式によって、共同体の亀裂は平穏のうちに回復されたのである。

実際、神判の統計的資料がもっとも多く残っている一三世紀初頭のハンガリーのヴァラドでの記録によれば、熱鉄神判を受けた者のほぼ半数は火傷をしていない、と判定されている。神判は、有罪を決定づけられている儀式ではなかった。

合理と非合理

ブラウンの説は、神判を暗黒の中世に相応しい理解しがたい奇妙な制度とするそれまでの常識に、痛烈な一撃を与えた。その点で、これは高く評価される。また、現代世界で神判が依然として用いられている社会があるとしても、その理由はかなり明快に説明される。その社会は依然として聖俗未分離の血縁共同体だからだ、と。

しかし、これですべてを片づけるわけにはいかない。たしかに、共同体の暗黙の期待、「共通感情」が神判の判定に作用することはあったかもしれない。だが、結果があまりにも歴然としている場合はどうであろうか。冷水神判で水に浮かぶか沈むかはかなりはっきりと結果がでるのではないか。湯の中から小石を取り出すことなどできない場合も、「共通感情」に反することはありそうである。

この点をふまえると、共同体の「共通感情」と結果を直線的に結びつけるのは避けるべきであろう。結果に満足がいかない場合であっても、果たすべき平和形成の儀式が人々の「共通感情」に即して執り行われればそれで了解された、とみなすべきであろう。この点で、神判は、近代的理性の観点からすると非合理だが、時代の共通感覚にあっているという機能の観点からすると、合理的だった。

ただ、最初に説明したように、神判の基本にあるのは、集権的権力の不存在と人々の自己中心的な世界認識だった。逆にいえば、この二つが変化すれば神判への信仰も消滅する。

ブラウンは、一二世紀になって「法と秩序」を担う世俗的公権力が登場し、「コンセンサスから権威」への移行がみられたという。神判が急速に退くのはそのためである、と。これはいささか権力の伸張を買いかぶりすぎている。その動向は明らかに存在するが、中央権力は血縁や地縁を無視できるほどの「権威」をまだ持っていない。むろん、「権威」の強化は訴訟方法の変化に対して重要な役割を果たした。だが、それだけが変化をもたらしたのではない。

もう一つの世界認識の変化の方が、より大きな意味を持ったと私は考えている。もともと物理的世界の出来事が自然現象であるとすれば、火傷の有無などは人間世界の道徳や期待とは本来無関係であろう。今日の常識からすると、不倫の正否と物理的現象である火傷の有無は、やはりそれ自体関連がない。それにもかかわらず、中世の人々が神判を信じたのは、神が自分たちの行動や心の中を、そして何が真実で何が虚偽かを見通し、正しい方法で願えば結果を明らかにしてくれるという信念があったからであろう。キリスト教が関与しえたのは、まさにこの一点にかかっていた。

「聖俗分離革命」

小宇宙と自己中心的世界認識を特質とする中世ヨーロッパを変えたものは何か、という大問題をここで論ずるのはとても無理である。だが、私は、「プロローグ」で疑問としてあげたこと、教会がなぜ神判を禁止するにいたるのか、それは「合理的ヨーロッパ」の形成とどう関わるのか、という問いに答えなくてはならない。

これは、教会の自己変革と深く関わっている。この変革に始まる中世世界変革の動きを「教皇革命」(バーマン『法と革命』)という。

「教皇革命」とは、近代的ともいえる合理的な宇宙観や世界認識が、聖職叙任権闘争で有名なグレゴリウス七世以降のローマ教皇たちによって推進され、宗教だけでなく世俗の世界そのものを総体として大きく変え、他の血縁的・部族的社会と多くの共通性を有する中世ヨーロッパを他と区別される独自の近世ヨーロッパへと革命的に転換させる契機となった、というものである。この新しい近世ヨーロッパは、聖俗の分離と合理的集権制への動きを特質とする。

私は、一一世紀から一二世紀にかけて起こるヨーロッパの大きな変革を、むしろバーマンのいう「教皇革命」をも含む「聖俗分離革命」とでも呼んだほうがよいと考えている。一二世紀の変革は、ひとり教皇の側から生じたわけではなく、さまざまな世俗世界での動きと連動し、結果として聖と俗の分離という大変革をもたらすことになったと考えるからである。

だが、その大変革の一翼を「教皇革命」が担っていた、というのは確かであろう。また、少なくとも神判に対する認識論的否定の多くは、この「教皇革命」に由来するといってよいと思う。キリスト教会は聖職叙任権闘争を経て決定的に自立化し、強化され、知的世界の支配者となっていった。大事なことは、その過程で神学と教会法学は、神秘ではなく理性を思考の中心に据え、奇跡と自然とを分離したということである。そこでは、合理主義が支配的となっていった。

合理主義に立脚する教会は、もはや民衆の異教的で非合理的な慣習に妥協する必要を認めなかった。キリスト教は本来、自然を克服の対象とする。自然の中にあまねく潜む神々という考えや信仰を否定し、超自然的なものの存在を退けようとした。一方、神判は、超自然的な諸力が世界に内在していると考えるところに、その一つの足場を持っていた。それは、本来、火の神や水の神への信仰という要素を含んでいる。だが、超越的な一神のみを信じ、超自然的な要素を否定するとすれば、神判は反キリスト教的ということになる。

それゆえ、神判は否定されねばならない。裁判では、それに代わって、教会が正しいと考える、文書や証人、自白などを中心に据えた合理的手続きを取るべきである。グレゴリウス七世の「教皇令」(一〇七五年)第二〇条は「何人《なんぴと》もローマ教皇に上訴する者を非難してはならない」と定めた。古い手続きによらず、新しい手続きに従うべきだった。この場合、教皇庁が最終審である。ローマ法が進出し、教会法と手を携えて合理的な訴訟手続きを発展させていった。

教皇革命は、高められた教会の権威を社会の隅々にまで及ぼそうとした。教会は、神判の儀式を司ることによって存在意義を高めるという妥協をやめなくてはならない。神判に残っている異教的要素をできる限り排斥し、キリスト教的合理主義の徹底を図らねばならない。それは、まさに革命だった。

もっとも、この動きは、教皇革命の開始とともにただちに貫徹されたわけではない。むしろ、教皇グレゴリウス七世とその取り巻きの者たちでさえ、必ずしも全面的に神判を否定していなかったことは、すでに明らかにしたとおりである。

だが、聖と俗が曖昧に絡み合っていたヨーロッパは、グレゴリウス七世の改革とともに、聖と俗を分離し、教会を純化し、現実社会を世俗化することへと大きく前進した。「聖」と「俗」とを分離するこの動きは、中世ヨーロッパを近世ヨーロッパへと変化させ、「合理的ヨーロッパ」を生み出す大きな力となった。なぜなら、それは、神判を生み出した中世ヨーロッパの深層を根本から突き崩すものだったからである。

第四回ラテラーノ公会議

この動きを決定的に推進する一撃を与えた教皇がいる。三七歳でローマ教皇となり、教皇権を絶頂にまで高めたとされるインノケンティウス三世である。

インノケンティウス三世は、一二一五年に第四回ラテラーノ公会議を開き、聖餐の教義を定め、全キリスト教徒に年に一度の告解を義務づけるなど、重要な決定を下した。この公会議では、ワルドー派やアルビ派の排除やフランシスコ会とドミニコ会の公認といった、正統と異端の確定も行われた。また、神判への聖職者の関与も、正式に否定された。

いかなる聖職者であれ、熱湯または冷水あるいは熱鉄の雪冤のために祝福または聖化の儀式を行ってはならない。一騎討ち《モノマキア》または決闘に関して以前に告示され

た禁止もまた有効である。(第四回ラテラーノ公会議、決議第一八条)

右の一文の前で、この第一八条は、聖職者に対して死刑の判決や流血の刑罰を下すか、それに関与することを禁止し、傭兵《ようへい》や弓兵、この種の殺人兵たちの頭目となってはならない、と定めている。聖を俗から断ちきろうとする文脈の中で、神判への関与が禁止されていることは明らかであろう。この第一八条は、神判の否定と聖俗分離との不可分の関係を象徴的に示している。

とはいえ、この第一八条の直接的効果のほどはそう明らかではない。これ以降も、神判が用いられるケースはヨーロッパ各地にみられるからである。一二二二年には教皇ホノリウス三世が神判の禁止をさらに世俗の法律についても求め、その後も繰り返し同様の禁止を歴代の教皇が求めているが、これも、禁止が守られなかったからだと考えたほうがよいかもしれない。

しかし、この一二一五年の規定がきっかけとなって、神判、とくに熱湯・冷水・熱鉄神判が急速に表舞台から消えていったことは確かである。これらの純粋な神判にあっては、聖職者の関与する儀式が決定的に重要であり、この規定はそれを不可能にしたからである。

むろん、世俗権力がこれに応ずるかたちで裁判の合理化に向かっていたことも、見過ごすことはできない。イギリスでは、さまざまな法改革を行ったヘンリー三世が、一二一九年一月二七日に、裁判官たちに対して、「火と水の判決はローマの教会によって禁止されているので」、他の証明方法をとるように命じている。この命令がイングランド全域で実効性を持ったであろうことは、ウェストミンスターのマチューの報告（一二五〇年）に明らかである。ヘンリー・ドゥ・ブラクトンも、これを過去のものと片づけ去っている。

神聖ローマ皇帝フリードリヒ二世は、一二三一年に神判を用いることを禁止した。皇帝は、神判を信ずる者の愚かさを嘲笑《ちようしよう》すらした。

一三世紀のヨーロッパでは、神判はもはや正当な証明方法とは意識されなくなっていた。そのような状態を引き起こしたのは、第四回ラテラーノ公会議の決定だった。

しかし、第一八条の禁止規定がすべてだったわけではない。第一八条は、教皇革命あるいは聖俗分離革命という大きな流れに棹《さお》さしている。聖俗未分離の自己中心的世界観の自明性が崩れたとき、神判はその存立の足場を失う。神判に代わるものとして登場したのが、教会と世俗権力が司る、文書や証人・証言による合理的証明だった。イングランドでは証人の喚問として始まった陪審による裁判が成長を遂げ、大陸ではローマ法のルネッサンスにより裁判官が審理の中心に位置しはじめる。そこではやがて、自白のための拷問を合法とするローマ・カノン法的糾問《きゅうもん》訴訟が一般化していく。そのような動向の中で、インノケンティウス三世の決断が生まれ、裁判の世俗化が進展した。

時代環境と世界認識が変わりつつあった。それは、合理主義者フリードリヒ二世の次の勅法に端的に表現されている。

神判の廃止について

余は、真の法学に従い、誤りを正す。余は、事物の本性を尊重せず真理にかすりもしない単純な者たちによって神判と呼ばれる法制度を廃止する。この法律の公布により、余の王国の全裁判官に対し、余は神判の法を適用することを禁止する。神判は余のキリスト教徒を真理から遠ざける。むしろ、人々は、古《いにしえ》の法律や余の勅法によって始められた通常の証明方法に満足しなければならない。余は命ずる。灼熱の鉄が道理ある理由によらずして微温になるとか、より愚かなことに、冷え切ってしまうなどと信ずる者たち、あるいは刑事事件について裁判されている者が、その悪しき良心のゆえに冷水の要素によって受け入れられないと主張する者たちの判断を除かねばならない。否、むしろ正さねばならない、と。冷水に被告が沈むことができないのは、むしろ彼が息を十分に吸って、それをためているからではないか。（「メルフィの勅法」第三二章）

明快である。だが、フリードリヒ二世は、この「神判」の中に決闘裁判を含めなかった。フリードリヒ二世は、これを分けることを望み、別に禁止規定を設けた。ラテラーノ公会議の決議も、決闘とその他の神判を分けている。決闘裁判は、他の神判とは違う「何か」を持っていた。公会議もフリードリヒ二世もその違いをふまえたように思われる。

私もまた、本章の初めで、純粋な神判と不純な神判という区分をした。超自然的奇跡を不可欠の要素とする純粋な神判は、聖俗分離革命の過程で消滅していった。だが、奇跡の要素を含むことの少ない決闘裁判は、聖俗分離のプロセスの中で打撃を受けつつ、なお独自の歩みを続けた。それは、限定的とはいえ、近世ヨーロッパの中で生きつづけた。生きつづけただけでなく、独自の意義を示した。

私は、神判とはどのようなものだったか、その歴史をたどってきた。このあたりで、決闘裁判へと考察を進めることにしよう。

第二章　決闘裁判——力と神意

『ローランの歌』におけるピナーベルとチェリーの戦い

自力＋他力

第一章の最初の項で示したように、決闘裁判は、神判であると同時に、神判におさまりきらない重要な要素を持っている。決闘は、一対一の主体的な戦いで、結果について奇跡や偶然の要素をあまり持たない。言いかえると、神が関与する度合いが表向きは少なく、結果がはたして神のなせる業《わざ》なのか、それとも戦った者の力量によるのか、まるではっきりしない。

このことが決闘裁判を非常にわかりにくいものとしている。神判は神の裁きであるから、本来、遂行者の個性が入り込む余地はない。当事者からみると、いわば他力本願に類する判定方法である。だが、決闘裁判は逆に、実際に決闘する者の力量に結果が大きく左右される。それは、いわば自力救済に属する方法といってよい。この自力救済的方法と神にすべてを委ねる他力本願的方法を合体させたのが、神判としての決闘裁判である。相矛盾する要素を抱え込んでいるのだから、この神判は不純であり、また理解が難しい。

もちろん、火や水を用いる神判にも、自力救済的な戦いの側面はある。だが、自然に反する方法や偶然に左右される要素が圧倒的に多い点で、純粋な神判は決闘裁判と

『大スイス年代記』（1576 年）より。シュヴィーツ（スイスの州）をめぐって決闘裁判する兄弟。兄のシュヴィーツァーが勝ち、州名も兄の名に由来するという

本質的に異なる、と私は考えている。

　奇跡を本質とする神判や偶然に左右される神判は、世界中のいたるところでみられる。しかし、決闘裁判は、自力救済を本質とする点で主体的性格を持つ。その意味で、他力的神判を純粋神判とみなす立場からすると、決闘裁判は不純であるだけでなく、自己矛盾した神判だった。このような矛盾した神判、つまり決闘裁判を長期間にわたって、裁判の重要な制度として維持・発展させたところはヨーロッ

パ以外にない。私はその理由を、矛盾を矛盾とも思わず、むしろ整合的に理解するほど、ヨーロッパでは自力救済の精神が強固で根深かったからだ、と思う。

私は本章で、自力と他力の要素を腑分《ふわ》けしながら、決闘裁判という独特の制度を追跡することにしよう。そこにヨーロッパ中世法はもとより、ヨーロッパ法文化の一つの重要な側面を認めることができそうな予感がするからである。

ダビデとゴリアテ

中世ヨーロッパの決闘裁判は、自力救済の要素を不可欠とする神判であった。神判とされた論拠の一つに『聖書』の「サムエル記 上」にあるダビデの決闘がある。神判としての決闘裁判の歴史的、思想的基礎になったものなので、まずこのダビデの話から始めることにしよう。

イスラエルの敵であるペリシテ人が襲ってきたときのことである。王サウルはイスラエルの人々を率いて、これと対峙《たいじ》した。そのとき、ペリシテ人の陣からガトのゴリアテという名の巨人が現れ、イスラエルの戦列に向かって、自分と一対一で戦う者をよこせ、敗者の側は勝者の側の奴隷となることにしよう、と叫んだ。そして、こう続けた。「今日、わたしはイスラエルの戦列に挑戦する。相手を一人出せ」。一騎討ちだ。

イスラエルの戦士たちはみなこの巨人に恐れをなし、彼と戦おうとしなかった。だが、そこにやってきた一人の羊飼いだけがこれを怖れなかった。この少年の名はダビデといい、神の意思により、後にイスラエル王となる。ダビデは、国王サウルの前に出て、「生ける神の軍」に戦いを挑んだゴリアテを、かつて倒した獅子や熊と同じように撃ち殺すと断言した。サウルは、ダビデを遣わすことにした。ダビデは、杖《つえ》と羊飼いの袋に五個の石をつめ、ゴリアテの前に立った。ゴリアテはダビデが「血色の良い、姿の美しい少年」であるのをみて侮《あなど》った。

このペリシテ人は……自分の神々によってダビデを呪い、更にダビデにこう言った。「さあ、来い、お前の肉を空の鳥や野の獣にくれてやろう」。だが、ダビデもこのペリシテ人に言った。「お前は剣《つるぎ》や槍や投げ槍で私に向かって来るが、わたしはお前が挑戦したイスラエルの戦列の神、万軍の主《しゅ》の名によってお前に立ち向かう。今日、主はお前をわたしの手に引き渡される。わたしは、お前を討ち、お前の首をはね、今日、ペリシテ軍のしかばねを空の鳥と地の獣に与えよう。全地はイスラエルに神がいますことを認めるだろう。……この戦いは主のものだ。主はお前たちを我々の手に渡される」。

ペリシテ人は身構え、ダビデに近づいて来た。……ダビデは袋に手を入れて小石を取り出すと、石投げ紐を使って飛ばし、ペリシテ人の額《ひたい》を撃った。石はペリシテ人の額に食い込み、彼はうつ伏せに倒れた。ダビデは石投げ紐と石一つでこのペリシテ人に勝ち、彼を撃ち殺した。(「サムエル記 上」)

ペリシテ人たちは、自分たちの勇士が殺されたのを見て逃げ出し、戦いはイスラエルの勝利に終わった。

『旧約聖書』に出てくるこの話はたいへん印象的で、聖書の挿絵やバロックの異才ミケランジェロ・メリージ・ダ・カラヴァッジオの「ダビデとゴリアテ」をはじめとする絵画の題材になってきたほどである。ダビデの決闘とその勝利の逸話は、後のキリスト教世界において、決闘と神判とを結びつける絶大な心理的効果を持ったにちがいない。

ローマ帝国の決闘裁判

だが、決闘裁判がキリスト教と不可分でないことは、純粋な神判よりもはっきりしている。古代ギリシアや建国期ローマにおいて、すでに決闘裁判があったという説がある。これが正しいとすれば、キリスト教以前であることは論を待たない。ただ、その信憑性については、疑問とする者も多い。

一般にヨーロッパでもっとも古い記録とされているのは、リヴィウスの『ローマ建国史』第二八巻第二一章である。

これは、第二次ポエニ戦役で、スキピオ（前二三六―前一八四年）がスペインの新カルタゴ（現カルタヘナ）を攻め、カルタゴ人を一掃したときの話である。スキピオは神々を祭り、ハンニバルとの戦いのうちに倒れた父の死を悼《いた》んで、剣闘士のショーを開こうとした。リヴィウスは、この関連で、一般に剣闘は奴隷の行うところだが、例外として「争いの決着を法廷での議論に委ねず」、「剣」による裁きを求める者たちがいたことを伝えている。このときも、その地の名門であるコルビスとオルスアがイベスという都市の支配者の座をめぐって対立し、「剣によって審理する」ことになった。スキピオは「言葉によって決着をつけるように望んだ」が、二人は「マルス（戦争の神）以外には、裁き手を持たない」と断言して、これを拒絶した。

勝者は、技術に長《た》けた年長のコルビスであった。リヴィウスは、この決闘がローマ軍にとって大きな見世物となったことと、「人間の支配への欲望がいかに大きな悪徳であるかを示した」と伝えている。リヴィウスは、これを野蛮人の悪しき慣行とみなしたのであろう。

しかし、この決闘が「マルス」を裁き手とするとされているから、これはやはり神判というべきであろう。むろん、裁き手は軍神マルスであるから、これはキリスト教の神判ではない。決闘裁判がキリスト教の産物ではないことを示す一つの例である。

この事件は、スペインの住民の間で起きた、紀元前二〇六年の出来事である。しかし、他に決闘裁判に関する記録や報告はない。それゆえ、紀元二世紀頃までは、ゲルマンの諸部族のもとで決闘裁判が広く行われていたとはいえないと思われる。この当時の最善の記録である、カエサルの『ガリア戦記』もタキトゥスの『ゲルマーニア』も、決闘裁判についてまったく言及していない。ローマに存在しなかった決闘裁判がゲルマンの諸部族のもとで行われていたならば、リヴィウスが記したのと同様に、カエサルもタキトゥスもこれを記録にとどめたにちがいない。もっとも『ゲルマーニア』には、次のような記述はある。

他にまた、重大な戦争の結果を知るために用いられる占いの方法がある。すなわち、戦争の相手たる部族から、なんらかの手段によって、その一人を捕虜として拉《らっ》しきたり、身方の邦民のうちから選ばれた一人と、双方にその部族に固有の武器を与えて相戦わしめる。そしてこれ、あるいは、かれの勝利が、予断として受容されるのである。（泉井久之助訳註『ゲルマーニア』）

これは裁判ではない。しかし、決闘つまり戦いによって神の意思を探り、その判断を求めるという慣習がゲルマンの諸部族にあった、ということはわかる。彼らは、戦争の結果を神意の表現とみなした。

このような考え方は、キリスト教導入後も生きつづけ、盛期封建制の時代においてもなお信じられていた。時代は飛躍するが、たとえば、聖職叙任権闘争の過程で危機に瀕した皇帝ハインリヒ四世は、戦争の結果を神の判決とみる考えによって救われている。皇帝は、対立国王シュヴァーベンのルードルフとのエルスターの会戦で、「カノッサの屈辱」後のドイツの内乱に終止符を打つことに成功した。というのも、山田欣吾氏によると、この会戦で、ルードルフは宣誓を行う手である右手を失って死亡し、諸侯、騎士、聖職者は、その結果を神判と考えたからである。反対派は勢いを失い、ハインリヒはローマに進軍した。教皇グレゴリウス七世は逃亡し、亡命地サレルノに留まらざるをえなかった。

戦争の結果と神意とは、中世ヨーロッパにおいては、しばしば強い結びつきのうちに理解された。個人間の戦争ともいえる決闘と神意とを結合しても、それは中世の人々にとって、ごく自然なことだったにちがいない。

グンドバッド王

むろん、決闘と神判とのつながりが明らかだとしても、決闘は決闘裁判ではない。おそらく、神判としての決闘が、いつのまにか裁判と結合して決闘裁判が生まれたのであろう。だが、この二つがいつ、どのようにして結びついたかはわからない。それを明らかにする史料がほとんどないからである。

しかし、この二つは、ともに問題を解決するための明快な方法だった。それは、決闘や戦いを、意味ある行為、神意を発見する行為と考えた、ゲルマン人の共通感覚と深くつながっていたと思われる。モンテスキューもこう指摘している。

タキトゥスが言うところによると、ゲルマン民族のもとでは、ある部族が他の部族と戦争状態に入ろうとするときには、その部族が自部族の一人と決闘しうるような誰かを捕虜にしようとつとめ、この決闘の結果によって戦争の首尾を判断した。一対一の決闘が公的な事件を規制すると信じた民族は、それが個人の紛争

をも規制しうると考えることができたのである。（野田良之・上原行雄他訳『法の精神』第六部第二八編第一七章）

ゲルマン人が公的な事柄を決定するのに決闘を用いた以上、これを私的な紛争の解決に利用するようになったのは当然だ、というモンテスキューの理解はたいへんわかりやすい。また、戦争の結果を神意と考えるのであれば、個人間の戦争ともいえる決闘の結果を神意とみなすのも当然であろう。そこから、決闘と裁判と神判とがつながるのにそう時間はかからなかったにちがいない。モンテスキューも、次に登場するゲルマンの部族法典をふまえて、こう述べている。「ゲルマン諸民族は、その個人的な事件における決闘の結果は犯罪人または侵害者を罰するように配慮する神意の裁きであるとしていた」と。

私もまた、決闘裁判は、戦争と神意、決闘と神意を結びつけて考える中世的心情の中で培《つちか》われたものと考えている。ただ、この決闘裁判が文字の上で登場するのは、リヴィウスの記録を別とすると、けっこう遅い。

ローマの政治家で文人として著名なカッシオドルス（四九〇頃―五八三年頃）が残した『公文書・書簡集』（一二三・四）によれば、彼が仕えた東ゴート王テオドリクス

（在位四七四―五二六年）は五世紀末に決闘裁判を廃止しようとしたという。この記述が正しいとすれば、東ゴート人は古くから決闘裁判を実行していたことになる。

ゲルマン人が自身の手で決闘裁判を最初に文書化したのは、六世紀初頭（五〇一―一五年）に作成されたブルグンド人の法典「グンドバッド法典」である。ブルグンドはフランス南東部にあたり、五三四年にフランク王国に編入されたところである。その地理的環境からして、「グンドバッド法典」はもっともローマ的な部族法典であった。むろん、ゲルマン人の部族法典であるから、彼らの慣行をふまえたものであるのは確かである。決闘裁判もその一つであろう。

決闘裁判に関する規定は、五〇二年五月の立法で、法典の第四五章にある。グンドバッド王は、ブルグンド人が「不確実なことについてしきりに宣誓を行い、確実なことについて躊躇なく偽誓する」のを批判し、「このような犯罪的な慣行」を打ち破るために、次のように定めた。ブルグンド人の間に、「事件が発生し、被告が宣誓することで事件の責任を否定し、告発されたことを否認しようと」しても、「もし宣誓を提供される相手方が宣誓を受け取らず、真実を武器に訴えること」を望むならば、「決闘の権利」を拒絶することはできない。また、「宣誓をしにやってきた証人たちの一人は、神を裁判官とするために戦わねばならない」。「なぜなら、ことの真実を知っているとただちに語り、宣誓を提供しようとする者は、誰であれ戦うことに躊躇してはならないからである」(「グンドバッド法典」第四五章)。

ここで語られていることは、争いごとがある場合、まず宣誓による雪冤《せつえん》が可能だが、相手がこれを拒否したときには、決闘をしなければならないということである。「神を裁判官とする」というのであるから、これは明らかに神判である。この第四五章は、法律の中に決闘が神判として登場する最初の例である。

一騎討ちによる決着

ブルグンドはアリウス派の国であった。トゥールのグレゴリウスによれば、グンドバッドは、すでに異端者の説が無意味で、神の子キリストと聖霊が父と同じであることを告白していたという。だが彼は、「民衆」の評判を恐れ、ついにこれを明らかにしないままに死んでしまう。ブルグンドの国王がカトリックに公式に帰依《きえ》したのは、グンドバッドも尊敬していたヴィアンヌの司教聖アヴィトスに導かれた、息子のジギスムントのときであった。この聖アヴィトスは、神判と決闘裁判を否定していた。

しかしグンドバッドは、決闘裁判をあえて立法化した。宣誓よりも決闘の方が真実を明らかにしうると考えたからである。むろん、偽誓が多いことと決闘の権利を保障することとは、必ずしも直結しない。宣誓を否定して決闘を要請したのは、ブルグンド人の間に決闘の慣行があったからであろう。また、決闘を行う勇気と強さに高い価値を与えていたからにちがいない。

『ローマ帝国衰亡史』で有名なギボンも、ゲルマン人の法について語る際に、決闘と「グンドバッド法典」にふれている。ギボンはいう。ゲルマンの訴訟のもとでは宣誓が一般的だったが、あまりに偽誓が多いので、ゲルマン人は火と水の神判を用いるようになった。「しかしまた一方では一騎討ちによる決着が好戦民族の間で次第に強大な信用と権威を獲得して行った」。

「この連中は勇者が刑に値し、臆病者が生きるに値するなどとは信じ得なかったのだ。係争が民事刑事のいずれたるとを問わず、原告あるいは告発者も被告も、いや時には証人すらも、合法的根拠を持たぬ相手方からの生死を懸けた挑戦にさらされており、そうなった場合自己の言い分を放棄するか、あるいは公開の決闘の場で名誉を維持するかを選ぶのが義務とされた。決闘はその民族の習慣次第で徒歩または馬上で行われ、剣または長槍による決定は、天、裁判官、民衆の三者の承認によって裁可された」。

こうしてギボンは続ける。

この血なまぐさい掟をガリアに持ちこんだのはブルグンド族だったが、同族の立法者だったグンドバッドは、その臣下アヴィトスの苦情と異論とに面倒がらずにこう答えたという。「民族同士の戦いでも個人と個人との決闘でも成り行きが神の裁きに左右される、そして神の摂理はより正しい主張に勝利を与え給う、というのは否定できないではないか」。こういう議論が広く行われて、もとはゲルマンの幾つかの部族に特有だったこの一騎討ちによる決着という馬鹿げて残酷な慣行が、シチリアからバルト海まで全ヨーロッパの王国という王国に伝播し確立されたのだった。（中野好夫・朱牟田夏雄訳『ローマ帝国衰亡史Ⅵ』）

フランク王国に決闘裁判はあったか

決闘裁判の発祥地の一つがブルグンドであるのは、「グンドバッド法典」から明らかである。では、このブルグンド王国を併合したフランク王国はどうであろうか。

まず、「サリカ法典」を見ると、ここにはまったく決闘に関する規定がない。熱湯神判（釜審）についてふれる章はあったから、何も語っていないということは、フランク人は決闘裁判を知らなかったのかもしれない。ただ、『歴史十巻（フランク史）』には、決闘裁判があったことを示す記述がある。

クロタール王の子でクロドミル王国（首都オルレアン）のグントラム王の治世第二九年、すなわち五九〇年の出来事である。ある日グントラム王は、森で狩猟をしていたときに、殺された野牛を発見した。王が森番に下手人を尋ねたところ、国王の侍従長クンドの名が告げられた。クンドは捕えられ、森番と国王のまえで言い争った。そこで、国王は「決闘の判決を下した」。クンドは甥を代わりにたてた。森番と甥は決闘場で戦った。甥は、森番の足を刺しその首を切ろうとしたが、森番はそのとき逆にクンドの甥の腹を刺した。こうして、二人とも倒れて死んだ。「これを見たクンドは聖マルケルルス聖堂へと逃げて行った。しかし国王が、聖なる入口へつく前に捕えよと叫んだので、捕えられ」、石で殺された。後に国王は、怒りのためにかっとなり忠実な臣下を殺したことを悔いた、という。

また、このグントラム王が、彼のライヴァルのグンドヴァルドをガリアへと連れてきたとされるグントラム・ボソという人物を非難することがあった。このとき、非難されたボソは、「この事件に関して、私は潔白です。この犯罪で私をひそかに告発する者がいて、その人物が私と同身分であれば、その者は白日のもとに身をさらし、その告発を公言すべきです。そうすれば、もっとも敬虔なる王よ、これを神判におゆだねください。神は、われわれが平地の決闘場で戦うのを見て判定を下されるでしょう」と、反論している（『歴史十巻（フランク史）』）。

六世紀末のこの二つの話から推測すると、決闘裁判がこの時期のフランク王国に存在し、おそらく、しばしば実行に移されていたことがわかる。しかも、それは神判と呼ばれていた。トゥールのグレゴリウスはキリスト教の聖職者だったから、ここでいう神判はキリスト教のそれであることは言うまでもない。

なぜ「サリカ法典」は決闘裁判にふれていないのか

ところが、すでに指摘したようにフランク王国の六世紀初頭の法典である、かの「サリカ法典」には、決闘裁判に関する規定はまったく見られない。このことは学界でも謎とされており、いろいろな解釈を生み出してきた。

まず考えられるのは、フランク人は決闘裁判を知らなかったが、後にブルグンド人からこれを受け継いだ、というものである。グレゴリウスの記録は、「サリカ法典」よりもさらに後のことだから、つじつまはあう。

これに対して、一九世紀末ドイツの偉大な法制史家、ハインリヒ・ブルンナーは、決闘裁判はフランク人のもとでも昔から存在したという。「サリカ法典」に記載がないのは、キリスト教を受け入れたためである。流血を避けるために、決闘裁判に代えて釜審が法典に採用された。それゆえ、グレゴリウスの記述は、決闘裁判の継受ではなく、「復活」を示すものだ、と。

一方、モンテスキューは、フランク人でもサリー族が知らなかっただけで、他の諸部族は用いていたと主張する。この説は、フランク人諸部族の慣行の違いに注目したもので、「サリカ法典」に記述がないのはサリー族が決闘裁判を知らなかったからだが、同じフランク人でも他の部族は違う、と考える。

サリー族は、決闘裁判の慣行を持っていたが、あえて「サリカ法典」に採録しなかったのであろうか。それとも、そもそもその制度を知らず、ブルグンド人と接触する中で、決闘裁判を慣行化していったのであろうか。残念ながら、現在のところこの問いに決着をつけるような資料は存在しない。「サリカ法典」の古い異本に決闘裁判を記載したものもあるというが、決定的とはいえない。私自身は、ある程度あったのではないかと考えているが、とりたてて有力な資料的根拠があってのことではない。この問いについて、まったくなかったという説を正しいとするか、ブルンナーの学説をとるか、それともモンテスキューの理論をとるかは、読者の判断におまかせすることにしよう。

ただ、それはそれとして、はっきりしていることがある。同じフランク人の中でも、

「サリカ法典」の後に出されたリブアリア族の法典に決闘裁判が明記されていること、七世紀以降のフランク王国では決闘裁判が存在した、ということである。

「リブアリア法典」

リブアリア族はフランク人の一有力支族で、ケルンを首都としたラインフランク人である。彼らの部族法典が「リブアリア法典」である。この「リブアリア法典」の場合も、「サリカ法典」と同様に、裁判における証明は口頭で、宣誓によって行われるのが普通だった。多くの問題はこれで解決された。だが、「リブアリア法典」は、宣誓による結果に納得しない当事者に対して、決闘に訴えることを許す事例を規定していた。

たとえば、その第三二（三六）章である。これは、法廷への召喚に関するもので、人が合法的に法廷に召喚されたにもかかわらず出頭せず、催促してもこれに応じない場合、原告はラキンブルギ（判決発見人）とともに「神聖な場所」で宣誓を行う。七たび召喚してもなお被召喚者が応じない場合、原告は、裁判官である伯の面前で七人のラキンブルギとともに、聖所で強奪の故に被告を召喚していることを誓う。裁判官は被告の家に向かい、「合法的な強奪」によって被告の財産を押収し、ラキンブルギに各々一五ソリドゥス、原告に四五ソリドゥスを与えねばならない。しかし、と法典は続ける。

もし被告がその強奪について争おうと望むならば、彼は原告の戸口まで剣を引き抜いて向かい、その敷居または戸口側柱にその剣をかけることができる。そのとき、裁判官は原告に保証人を要求しなければならない。原告が国王の前に出て、武器によって自己の敵に対し自己を守ることができるためである。(「リブアリア法典」第三二章の四)

原告に保証人を要求するとは、原告に決闘を受けるという意思表示を求めることを意味した。というのも、決闘裁判は保証(人)を提出することでその実行が決定されるからである(後出)。こうして、裁判所でなされた宣誓に基づく「合法的強奪」、つまり強制執行であっても、被告は、国王の面前での決闘を自己の意思で求めることによって原告に挑戦し、自己の利益を守ることが認められた。裁判所の決定ですら、決闘で否定しえたのである。

自由人の感性

ブルグンド人やフランク人のほかにも、バイエルン人、ザクセン人、フリースラント人、チューリンゲン人、ランゴバルド人などのゲルマン諸部族は、それぞれ独自の法典を持ち、そのそれぞれに決闘裁判の規定を持っていた。これらの法典はすべて、「ブルグンド法典」以降のものであるから、ブルグンドからフランクを経て決闘裁判がヨーロッパ全域に広がっていったと考えることは可能である。しかし、時間的に法典化が後になっただけで、そもそも各部族に決闘の慣行があったと推測することもできなくはない。

私はおそらく後者だと考えている。これは、各部族がこぞって真似るにはあまりにも荒々しく、自分たちの感性にあっていないかぎり「裁判」の場には登場しえないと思われるからである。少なくとも、これは自由人の間の慣行として確立していたのではないだろうか。この点でとりわけ興味深いのは、北部イタリア地方を支配したランゴバルド人の法制度である。

ランゴバルド人の場合、裁判の証明は原則として宣誓か決闘による。ここでは、熱湯や冷水、熱鉄による神判は、奴隷の場合を例外として用いられず、神判といえばただ決闘だけをさした。これはたいへん特徴的である。ランゴバルド人はパヴィアに法律学校を作り発展させるなど、なかなか法的な部族である。ローマ法に対する知識もあった。その、法的に洗練された人々が宣誓か決闘かという方式をとったのだから、決闘が深く彼らの感性の中に根づいていたことがわかる。当然、決闘裁判は法典にも記載された。

もっとも早い時期の法典である「ロタリ王法典」(六四三年)では、何者かが「他の誰かをその者の生命の喪失にかかわる犯罪のかどで訴え」た場合、被告は宣誓で雪冤できたが、「可能ならば決闘、すなわち神判によって、その告訴を否定すること」も許された。この場合、「もしその告訴が正しいことが明らかになれば、被告はその生命を失うか、国王が望むだけの賠償金を支払わねばならない」。しかし、逆であれば、「彼を告訴しそれを証明しえなかった者は、補償としてその人命金を、半分は国王、半分は被告に支払わねばならない」(「ロタリ王法典」第九章)。

決闘が神判と言いかえられていることが注目される。ランゴバルド人にとって神判とは決闘だった、ということが確認されるであろう。また、法律に規定されただけでなく、実際に決闘が行われ、その結果が尊重されたことは、第一五代国王アダルワルド(ロタリ王は第一七代国王である)の時代のグンデベルガ事件が示している。

アダルワルドの妻はグンデベルガといい、メロヴィング朝の息女だった。あるとき、彼女は、アダルルフという人物によって陰謀のかどで告訴された。国王は王妃を監禁した。時のメロヴィングの国王クロタール二世は、親族のグンデベルガを救うために特使を派遣した。その結果、原告と王妃の代闘士が決闘することになり、結局、代闘士が勝利を収め、王妃は三年間の監禁から救出された。これが、この事件の概要である。

この事件の経緯をみると、フランク王国とランゴバルド王国の戦争に発展しかねない重大な政治的事件の解決のために、双方が納得して決闘裁判を実行している。フランク人にとっても、ランゴバルド人にとっても、決闘裁判は満足できる問題解決方法だったのであろう。アダルワルド王も決闘の結果に服しており、決闘裁判を尊重する姿勢は明らかである。ちなみに、代闘士とは、女性や障害者あるいは聖職者のように自ら戦えない者の代わりに決闘を代行する人物のことであるが、これについては後述することにしよう。

決闘への懐疑

ところが、実は、法典の編纂者であるロタリ王自身は、ブルグンドのグンドバッド王とは違って、決闘を嫌っていたらしい。たとえば、「ロタリ王法典」の一六四章から一六六章は、決闘裁判を明確に否定し、宣誓で足りるとしている。

第一六四章は、非嫡出子であるとの誹謗《ひぼう》に対するものだが、宣誓補助者とともに行う宣誓で嫡出であることを証明し、財産を相続できると定めている。決闘によって証明するのは有害で不敬だからという。

第一六五章では、誰かがある妻を自分の夫権のもとにある（つまり、自分の正式な妻である）と主張した場合、本来の夫は一二名の法定の宣誓補助者とともに誓約することで、自己の夫権の正当性を証明することができた。「なぜなら、そのような重要な事件が二人の男の決闘によって解決されるのは不正と思われるから」である。

また、妻を殺害した嫌疑を受けた夫は、「妻の死に荷担していないことを、その法定の宣誓補助者とともに宣誓することによって雪冤することができる」。そのとき、「夫はこの犯罪の嫌疑から赦免されねばならない。というのも、このような事件が二人の男の決闘によって解決されるのは不合理で愚かしいように思えるからである」（『ロタリ王法典』第一六六章）。

この三つの章の規定から推察すると、いずれの場合にも、それまで決闘裁判が行われてきたが宣誓だけで済ませてよい、とロタリ王が定めたようである。ロタリ王は、決闘裁判に対して不信感を持っていたのであろう。

リウトプランド王の嘆き

同じことは、ランゴバルド王の中でももっとも強力といわれるリウトプランド王（在位七一二―四四年）の王令についてもいえる。リウトプランドは、フランク王国の宮宰《きゆうさい》カール・マルテルと友好関係を維持し、ランゴバルドの集権化と拡大に努めた偉大な国王であった。彼は、裁判においても王権の威令が行きわたることを期待し、多くの付加王令を発した。

その中に、決闘裁判に不信を表明したものがある。

ランゴバルドには、自由人を殺害した者はその全財産を喪失するという規定があった。もっともといえばもっともな規定である。ところが、これを悪用する者がいた。他人の財産を奪うことを狙って決闘を申し込む者が少なからず現れたのである。付加王令第一一八条はいう。「親族の一人が病気にかかり寝台の中で死んだにもかかわらず、毒で殺害されたことを、古い法が定めていたように、決闘によって証明しようとする」者たちがいる。しかし、「一人の男が戦う決闘の結果、人が全財産を失うのは非常に深刻なこと」だ、と。

それゆえ、親族の死が毒によるものであることを決闘によって証明しようとする者は、「悪しき意図ではなく、明確な嫌疑によりその訴訟を推進する旨、福音書にかけて宣誓しなければならない」。そして、「もし一撃が犯罪のかどで訴えられている者または彼が雇った代闘士の上に落ちたならば、その者は全財産を失わず、贖罪に関する旧法が定めていたように、死者の身分に従って訴人に贖罪しなければならない」。「なぜなら」、と王はその理由を示す。

決闘の場合には神判は不確実であり、多くの人々が決闘によって不正にその訴訟に敗れたと聞くからである。しかしながら、ランゴバルド人たちの慣習の故に、余はこの法律を廃止することはできない。(「リウトプランド王付加王令」第一一八条)

リウトプランド王はカトリック教徒であり、ローマ的な支配の理念を持ち、集権化を目指していた。訴訟においても、明らかに決闘を嫌った。しかし、できたのは「全財産の喪失」をくいとめることだけだった。おそらく、伝統に忠実であろうとした地域権力者たちの抵抗が根強かったのである。裁判における決闘の慣行も、重要な争点の一つだったにちがいない。国王は決闘という神判が「不確実」であると認識していた。だが、それにもかかわらず、決闘を廃止できなかったのは、地域権力の存在と結びついた「ランゴバルド人たちの慣習」のためであった。

ここでは、二つのことが重要である。一つは、決闘の場合の「神判」は「不確実」だという認識が示されていることである。言いかえると、決闘は神意を正確に反映しない、そこに何かほかの要素がある、という判断がここにある。リウトプランド王は、決闘に神意よりも自力救済または単純な実力主義を認めたのであろう。

もう一つは、地域権力が「慣習」にこだわったのは、決闘を心から神判と信じ、その維持をあくまで期待したからではなく、王権の象徴である裁判で、国王の意思を容易に貫徹させず、中央集権化を阻止するためではなかったか、ということである。決闘は彼らの確固とした「慣習」だった。自力救済の「慣習」を否定することは、その担い手たちの自立性を否定することである。王が法律の中で嘆息せざるをえなかったのは、実はこの強固な自立性に対してではなかったろうか。

ランゴバルド（ロンバルディア）は、後にいたるまで、ヴェンデタ（復讐、私戦）がさかんに行われたことでも有名である。二つの家門の死闘を背景とした『ロミオとジュリエット』の舞台も、ランゴバルドのヴェローナであった。もともとの素材がイタリアの物語だったからとはいえ、シェイクスピアがそのままヴェローナを舞台としたのは、やはりその地が血の確執を繰り広げるにふさわしいイメージを持っていたからであろう。

カール大帝

リウトプランド王の死後、八世紀になって、ランゴバルド王国はフランク王国によって征服・併合された。併合したのは、カール大帝である。大帝はランゴバルド法の効力を否定しなかった。決闘裁判についても、リウトプランドよりもブルグンドのグンドバッドに近い考えを持っていたので、勅令を付け加え、その中で偽誓を否定し、決闘を勧めた。

犯罪を押しつけようとする者または自身を守ろうとする者が偽誓してしまうのが明らかな場合には、これらの者たちが偽誓を実行するよりも、棍棒《こんぼう》を持ち決闘場で平等に戦う方がより優れている。(「パヴィア書・カール大帝の勅令」第六五章)

同様の規定を持った勅令は、すでにフランク王国のシルペリク一世(在位五六一―八四年)のもとに見出される。それは、「平和の維持のため」の勅令である。これは、ピピン、カール大帝によって「サリカ法典」に付加されている。この付加勅令は、「何者かが他人を偽誓のかどで告訴し、これが証明された場合、偽誓者は一五ソリドゥス支払」うように定めたうえで、こう命じている。「しかしながら、犯罪を実行したことが証明されなかった場合、訴人は一五ソリドゥス支払わねばならない。あるいはその後、もし彼が望むのであれば、彼をして決闘せしめよ」(「サリカ法典」第一三一章)、と。

この場合の決闘がどの程度、神判と意識されていたかはわからない。カール大帝の時代になると、神判という場合には、火や水を用いたものに限定されていたから、決闘は神判に属するとは、あるいは考えられていなかったかもしれない。だが、カール大帝治世下の八〇三年に出された「リブアリア法典」の付加勅令では、奪われたものの返還が拒絶された場合、「決闘または十字架によって争うべきこと」が命じられている。十字架神判との選択ということを考えると、やはり決闘は神判またはそれに類するものだったと思われる。

フルリーの訴訟――修道院の間の決闘

決闘裁判の性格を考えるうえで忘れられないのは、カール大帝の後継者であるルードヴィヒ敬虔帝の時代に行われた「フルリーの訴訟」である。この訴訟は、パリの南西に位置するフルリーの聖ベネディクト修道院とサン・ドニ修道院との間で行われた奴隷の所有をめぐる争いで、決闘裁判が具体的に行われる寸前までいった事件として有名である。

訴訟の経緯と内容は、聖ベネディクト修道院長、アドレヴァルドゥスの『聖ベネディクトの奇跡』によって伝えられている。それによると、国王の巡察吏の臨席のもとにオルレアンで裁判が行われ、双方の法律家と判決発見人たちは熱心に論争し、ついに相譲らなかった。法廷は、そこで「フルリーとサン・ドニのそれぞれから一人ずつ証人を出し、宣誓をしたのちに、盾と棍棒によって戦い、論争に決着をつけるように」という判決を提案した。

この提案は、当時の慣習法に従っているだけでなく、成文法にも適《かな》っていた。というのも、ルートヴィヒ敬虔帝（在位八一四―四〇年）は、八一六年に発布した付加勅令で明確に決闘裁判を認めていたからである。それは、「グンドバッド法典」と同様に、証人同士の決闘だった。争いがあるとき、「一方の側から出された証人が偽っている疑いがある場合」、他方はその証人に対して他の証人を立てることができる。「しかし」、と勅令はいう。

一方の証人が他方の証人にけっして譲歩せず互いに争うならば、証人の中から二人、つまり双方から一人を選びだし、その者たちは盾と棍棒によって決闘場campusにおいて戦わねばならない。いずれか一方が偽り、一方が真実に従うことがここに明らかとなる。敗れた決闘者は、決闘前に犯した偽誓のゆえに、その右手を切断されねばならない。しかし、同じ側のその他の証人たちは（贖罪金を支払うことによって）その右手を買い戻すことができる。（八一六年の付加勅令）

したがって、両修道院の法廷での争いを決闘によって解決すべきである、というかの提案は、そこに参集した「すべての人々によって正義に適い、正しいものと考えられた」。決闘はまさに準備されようとした。

ところが、そのとき、「ガチネのある法学博士」が登場し、事態は一変する。この法学博士は、アドレヴァルドゥスによると、「贈り物で買収されてサン・ドニを弁護する側に立っていた。彼は、双方から出された証人が決闘して彼らの側の証人が否認されることが明らかになるのを恐れ、次のような判断を示した。奴隷は教会の財産であるから、決闘で証人のいずれが正しいかを決めるのは不当である。むしろ、双方の弁護人たちは奴隷を互いに分割すべきである」と。

この提案は、裁判官の賛同するところとなった。法学博士は、「証人たちが決闘で決着をつけるよりも、奴隷を分割する方がより正しい」と述べ、「その意見に全法廷がなびいた」。その結果、アドレヴァルドゥスは明記していないが、フルリーの修道院もこれに合意し、奴隷の分割を承認した。和解が成立したのである。

ところが、アドレヴァルドゥスはこの結果に明らかに不満だった。「しかし、聖ベネディクトは」と彼は書いている。かの提案をした人物のことを「忘れなかった。というのも、奴隷が双方に分割された後すぐに、この男は神の正しい判決によって罰され、弁舌の能力をすべて奪われ、何も語ることができなくなってしまったからである」。

そこに居合わせたその法律家の僕婢《ぼくひ》たちは、ことの真実を知って、法律家が厳しく攻撃した聖人の修道院へと彼を運んだ。彼は、神の加護を願った。その結果、彼の言語能力はもとに戻った。しかし、聖ベネディクトの名を正しい発音で語ることができるまでには、ついにならなかったという。アドレヴァルドゥスは、このように話を終えている。

言葉を奪われた法律家とは、フェリエールのループス（ルー・ド・フェリエール、八〇五頃―六二年）のことと言われている。ループスはフェリエールの修道院長で、高名な古典学者であった。彼は、聖職者として、また古典の知識人として和解を勧めたにすぎない。しかも、彼の提案はルートヴィヒ敬虔帝の勅令に照らしてもけっしてまちがっていなかった。ルートヴィヒ敬虔帝は、教会についてまず決闘を、次いで十字架神判を八一八―一九年の勅令で禁止していた。残る選択肢は通常の判決か和解しかなかった。

教会は和解による紛争解決をめざすべきだとルートヴィヒ敬虔帝が考えたとしても、そのこと自体はとくに意外ではない。教会や修道院に血を流す決闘が認められているほうが奇妙であろう。むしろ、修道院長であるアドレヴァルドゥスが決闘による解決こそ正しいと信じ、和解を主張したループスから聖ベネディクトが言葉を奪った、と書き残したのは、驚きである。有力な修道院や聖職者の中にすら、決闘裁判を自明とし、そこに高い価値を置いたものがいた、ということになるからである。

しかし、修道院の人々が決闘を神判と信じ、そこに「奇跡」を認めていたとすれば、それは筋が通る。アドレヴァルドゥスが『聖ベネディクトの奇跡』でこの事件に言及し、ループスを厳しく批判したのも、「奇跡」を妨げた不敬の輩《やから》とみなされたからであろう。決闘裁判を神判とすることにいささかの疑問も持たない例がここにある。

神聖ローマ帝国皇帝オットー一世

フランク帝国が消滅した後も、決闘を裁判の一方法とする皇帝が続いた。神聖ローマ帝国の開祖、オットー一世（九一二―七三年）もその一人である。

オットー一世は敬虔な皇帝というよりは、英雄であり政治家であった。奇跡を信じないわけではないが、実力の重要性をよく知っていた。彼は、紛争の解決に際して決闘裁判を行うことを好んだが、それは力による勝利を正しさの証明、おそらく神の意思の表現と考えたからであろう。彼には、勝つ自信があった。

彼は、娘のリウトガルダが訴えられたとき、彼女に決闘裁判で決着をつけさせた。土地の相続についても同様の方法を定めた。また、九六三年に教皇ヨハネス一二世と不和になったとき、クレモナの司教リウトプランドをローマに派遣し、彼につけた騎士たちには、教皇が皇帝の正しさをなお認めようとしない場合には、「決闘によってそれが真実であることを証明する」ように命じている。もっとも、リウトプランドの手になる『オットー王の歴史』が伝えているように、「教皇は、誓約による証明も決闘による証明も受け入れようとはしなかった」ので、これは実現しなかった。

オットー大帝の信任厚かったリウトプランドは、大帝の子、後の皇帝オットー二世の妻をビザンツ皇室から得るための交渉にも出かけている。ビザンツ皇帝ニケフォロス・フォーカスは彼を冷遇した。そして、オットー帝が、ベレンガルとその子アダルベルトからイタリアを「法と道理に反して武力によって奪い去った」と非難した。これに対し、リウトプランドは、オットーの行為は「僭主《せんしゅ》のくびき」からローマを解き放った合法的なものであると反論し、ベレンガルらの悪行と彼らがオットー帝の封建臣下であることを伝えた。ビザンツ皇帝は、アダルベルトの臣下はそのような話を認めない、と述べた。これに対し、司教リウトプランドは、「もしその者が違う証言をしたならば、陛下が命ぜられれば、私の戦士の中から一人選び出し、明日、決闘によってそれが真実であることを明らかにしてみせましょう」(『コンスタンティノープル使節記』)と申し出た。

ビザンツ皇帝は、この申し出を聞いて、「オットーが行ったことは正しい」と認めた、とリウトプランドは記している。オットー大帝もその右腕の聖職者も、ともに真実を決闘で明らかにしうる、あるいは明らかにするために利用できる、と信じていたのは確かである。少なくとも、ビザンツ皇帝に決闘裁判を提案したリウトプランドは、この『コンスタンティノープル使節記』の著者であるから、これはまちがいない。ただ、ビザンツでは決闘裁判の慣行はなかったから、リウトプランドの申し出は驚きをもって受け止められたことであろう。

オットー二世

リウトプランドの使節団は不首尾に終わったが、その後、ビザンツ側の態度が変わり、ついに皇帝ツィミスケスの姪であるテオファナが神聖ローマ帝国に迎えられることになった。テオファナを娶《めと》ったオットー二世は父を尊敬し、父の風を倣《なら》った。

オットー二世はランゴバルド法にいくつかの付加勅令を加え、そのとき、改めて決闘裁判を規定した。決闘裁判の導入を定めた九八三年の勅法の序文で、オットー二世は、決闘の必要性を強く訴えた。モンテスキューが紹介するところによると、オットー二世は、「ある不動産の証書が偽造であると攻撃され、その証書を提出したものがそれは真正なものであると福音書にかけて宣誓した場合」、その者は「不動産の所有者」となるという「一つの唾棄《だき》すべき慣習法」に怒りを示した(「ランゴバルド人の法律」第二編第五五章第三四節、『法の精神』第六部第二八編第一八章)。

オットー二世は、「神を恐れず、偽誓することにほとんど不安を覚えない者が、法律の装いのもとに宣誓して土地を獲得する」ことを否定し、決闘を勧めた。彼は、すでにこの勅令以前に、オットー一世とともに、決闘裁判をイタリアの地で実行させようとしていた。九六七年、聖俗の貴族が集合したヴェローナの会議で、皇帝は、人々に決闘裁判の実現を迫った。

人々がこれまでどのような法、たとえローマ法のもとで暮らしてきたとしても、全イタリア王国において、以上の章で決闘に関して余が定めたすべてのことを遵守するように、余は命ずる。ただし、一方が幼いか年老いていて弱く戦うことを禁じられている場合には、その者には自身に代えて代闘士を指定することができる。相手側も同様である。(「ヴェローナの勅令」第九章)

教会ですら例外ではなかった。教会は、伯爵や未亡人同様に、土地や六ソリドゥス以上の価値のある物など「上記の章に含まれている事項に関する自身の訴訟」を、「同様の援助人」、つまり代闘士によって「決闘で解決しなければならない」(同前、第一〇章)。

ランゴバルドでは、少し前に指摘したように、決闘裁判の長い伝統があった。「唾棄すべき慣習法」がいつごろ浸透しはじめたのかはわからない。だが、モンテスキューにさらに従えば、在地の領主たちは決闘裁判を求めつづけていた。前述したランゴバルドのリウトプランド王の嘆きを想い起こすと、おそらくモンテスキューの指摘は正しいだろう。決闘裁判は、東ゴート以来の伝統かもしれない。

「ヴェローナの勅令」には、実は神判という言葉は出てこない。この段階では、神判という言葉は、ほぼ水や火の純粋な神判をさすものに限定されていた。決闘を神から切り離したわけではないが、違うという認識があったのであろう。実際、この勅令も神の奇跡を期待していないのは明らかである。弱い者が代わりに戦う者を指定できるからである。もし超自然的奇跡を期待するのであれば、代理人を立てるのは矛盾であろう。

オットー一世、二世、そしてランゴバルドの領主たちは決闘裁判に固執したが、それは神の奇跡に自己の運命を託そうとしてのことではない。彼らには、力の原理、自力救済、自立への信念があった。ゲルマンの自由人から封建社会の自由人、とくに騎士にまでいたる精神構造の核心をなしたものこそ、この信念にほかならない。

正当防衛を証明するための決闘裁判

オットー諸帝のザクセン家出身の皇帝はロータル三世が最後で、これに続いたのはホーエンシュタウフェン家であった。その二代目のフリードリヒ一世は赤髯王《あかひげおう》（バルバロッサ）と呼ばれ、不死伝説すら生まれた偉大な皇帝だった。ドイツにおける騎士精神の体現者ともみなされるこの皇帝の生涯の中にも、決闘裁判は登場する。

その話は、北の異教徒ヴェンデ人を討伐したことで有名な、ザクセンのハインリヒ獅子公にも関係している。当初、皇帝フリードリヒは、ハインリヒ公と協力しあったが、イタリアに侵攻した折にハインリヒ公の助力を得られず敗北したことから、対立が激化した。皇帝は、ハインリヒ公を帝国議会に喚問して、大逆罪に問おうとした。

ところが、ハインリヒ獅子公は、裁判は彼の領土内で行われるのが法の定めであると主張して、出頭しようとしなかった。このとき、ヴュルツブルクの帝国議会で、ついに一人の貴族が立ち上がり、こう訴えた。「皇帝は、帝国の領土内であればその諸侯を合法的に召喚することができる。私はこのことを決闘によって証明しよう」、と。この挑戦に誰も応じなかったので、皇帝は、出頭しなかった獅子公に対して、帝国追放、領土の没収、譲位という判決を下した。

ハインリヒの帝国議会への喚問と裁判が決闘による証明の申し出によって確定されたという話は、当時の年代記に記されたものである。事実をそのまま記したかどうかはわからないが、決闘裁判が正当かつ合法的な証明方法とされていたことは、この記述からうかがうことができる。

フリードリヒ赤髯王自身、決闘裁判に重要な意義を認めていた。というのも、彼が発布した「ラント平和令」（一一五二―五七年）という重要な法律の第一条で、「何人《なんぴと》かが、平和が定められた期間において人を殺害したならば、その者は、自身の生命を守るために相手を殺害したことを決闘裁判によって証明できなければ、死刑に処せられねばならない」と、規定しているからである。

「平和が定められた期間」というのは、現代人にはわかりにくい概念であろう。この「平和」というのは、国内の平和つまり治安という意味である。当時は、国家、つまり、ここでは皇帝がなお絶対的な軍事力も警察機構も有していなかったので、武力を有する各地の諸侯、領主などの有力者は、私戦などの実力行使をかなり自由に行うことができた。この状態を改善し、「平和」を形成・維持するために、皇帝は、自身が中心になって諸侯、領主たちに武力行使を慎む「平和」の約束をさせ、治安を維持しようとした。その約束の内容が「ラント平和令」である。だから、これは期限つきであった。期間が定められていなければ、力ある者たちは「平和」に同意しなかったであろう。「平和が定められた期間」というのは、そういう意味である。

この約束に違反して、その期間内に人を殺したり傷つけたり、盗んだり火を放った者は「平和破壊者」だった。行為者は、正当な理由がなければ罰せられる。正当防衛はその正当な理由の典型だった。だが、それは証明を必要とした。その証明手段が決闘裁判である。第一条では、ごく簡単に「決闘裁判によって証明できなければ」とだけ記されているのは、具体的な裁判の場で現実にしばしば行われていたからであろう。ちなみに、第三条は「傷害」のケースについて定めているが、この場合の罰則は、「手の切断」であった。「手の切断」を免れるには、やはり決闘によって正当防衛を「証明」しなければならない。

この「ラント平和令」では、決闘は騎士階層の者にふさわしい証明手段だった。というのも、騎士と騎士が決闘する場合には、その騎士は代々の騎士の家系に属することを証明しなくてはならないとされる一方で、農民の平和違反の場合、「神判または人の判決」によるか「裁判官が選ぶ七人の適切な証人」によるべきことが定められていたからである（「ラント平和令」第一〇条）。

『ローランの歌』

「騎士」にのみ「決闘裁判」が許されるという話が出てきたところで、私は、中世フランスの武勲詩『ローランの歌』に目を移してみたい。この武勲詩はいわば中世的・騎士的精神のエキスであり、その劇的表現として決闘裁判が登場するからである。

いまさら説明するまでもないが、この武勲詩で語られているのは、カール大帝とその甥（とされている）ローランの悲劇である。いく通りかの話があるが、書かれたのはもっとも古いもので一一〇〇年頃だろうといわれている。ちょうど、第一回十字軍が始まった時期で、フリードリヒ一世赤髯王が活躍する少し前のことである。詩の舞台は八世紀だが、描き出された、カール大帝（シャルルマーニュ）とイスパニアのサラセン人との戦いは十字軍の時代に、またローランの行動は騎士の時代にふさわしいものだった。

決闘裁判は次のようにして始まる。ローランの継父ガヌロン伯は、サラセン軍に通じて、しんがりのローランを襲わせて戦死させていた。ガヌロンは、カールの軍を危険にさらしたかどで裁判にかけられる。国王は諸侯をアーヘンに召集し、聖シルヴェステルの日（一二月三一日）に開廷し、ガヌロンを「法に照らして」裁くように求めた。

そこで決闘裁判ということになるのだが、理解を容易にするため、話に入る前に改めて二つのことを確認しておきたい。

一つは、中世ヨーロッパの裁判では、裁判官と判決人が法の宣告者として現れ、判決を提案するのが複数の判決人の任務で、提案された判決を宣告するのが裁判官の仕事だった、ということである。この場合、裁判官となるのは国王で、判決を提案するのは、あくまでガヌロンと同輩の諸侯たちである。国王は彼らの判決提案に従わねばならず、判決を自己の意思で下すことはできなかった。

もう一つは、判決提案に対する異議が誰によっても、とくに親族によって行われえたということである。この異議は「非難」と呼ばれたが、これは裁判官その人ではなく、判決人たちに対して行われた。裁判官は国王であったり、領主であったりしたから、彼らを非難するのは非礼だった。また、判決の実質は判決人によって担われていたから、このようなかたちの非難は合理的だった。非難が行われると、そのいずれが正しいかを確定するために、非難者と判決人たちとが決闘した。

判決非難

『ローランの歌』の裁判の場に戻ろう。ガヌロンは捕えられたが、ローランが彼の金銭と財産を横領したからその死と破滅を望んだにすぎず、大逆罪にあたらないと主張した。三〇名の親族がガヌロンに荷担した。中でも剛勇の士ピナーベルがガヌロンに言う。

「いまにお救い申す。絞首刑に宣告するフランス人があった場合、皇帝に願って、それとわれとを立ち向かわせ、刃《やいば》にかけて面目はお立て申す」（佐藤輝夫他訳『ローランの歌』）

これは、ガヌロンを有罪とする判決を提案し賛同する者たちがあれば、その者たちに対して決闘を申し込み、その非を糺《ただ》すという、そばにいた諸侯への脅しであった。というのも、それらの諸侯は判決人だったからである。封建臣下にとって、裁判で自己の国王または領主のために決闘裁判で戦うことは、重要な義務と意識されていた。カール大帝の諸侯は、判決提案が非難されれば、決闘を避けるわけにはいかなかった。

モンテスキューによれば、このような場合に裁判をしないということは、封建臣下が「乱戦の中で、……彼の領主を救助しないと言ったようなものである」。しかし、「法廷に名誉を与え、最も勇敢で最も賢明な家臣を用いることは、領主のなすべき仕事であった」。封建社会にあっては、「決闘し、かつ、裁判するという家士の義務」は、「裁判するとは決闘することであると言えるほどのものであった」（『法の精神』第六部第二八編第二七章）。

だが、『ローランの歌』の「裁き人」たち、つまり参集した諸侯たちは、ピナーベルと戦うことを恐れ、互いにこうささやきあった。「これくらいでよいのではないか！　詮議《せんぎ》はこれにて打ち切って、王様に建議をしよう、このたびはガヌロンを放免し、赤誠と愛をもって仕えさせてはいかがであろうと、な。ローラン殿は死んだのであれば、戻ってはこない。いくら金銀を積んだとて、生き返りはせぬ」。ピナーベルと戦うなど愚かしい限りだ、と。（『ローランの歌』、以下同）。

神よ、正義に光あらしめ給え

こうして裁き人となったフランク王国の諸侯たちは、判決非難を恐れ、ジェフロワ公の弟チェリー一人を除いて、ガヌロンを放免することに賛同し、国王カールにその旨を伝えた。カールはこれを聞き、「無念」と叫んだ。だが、中世の裁判のあり方からして、これには従わざるをえない。ところが、このとき、ただ一人、放免に反対したチェリーが進み出て、ガヌロンの行為は絞首と死に値すると断言し、こう言い放った。

「わたしは裁きを仕《つかまつ》りまする。大逆罪を犯したるものとして、またもしガヌロンの一族にして異議を唱えるものありますれば、腰に帯せるこの剣をもって、ただ

ちにわが裁きの黒白《こくびゃく》を決する所存に
ござりまする」

チェリーは「裁き人」の一員であるから、これは決闘を覚悟したうえでの判決提案であった。事実、ピナーベルは国王の前に進み出て、チェリーが提出した判決は「虚偽である」と非難し、「それゆえ、彼と戦う」と宣言した。彼は、鹿皮の右手の手袋を王に差し出した。決闘裁判が正式に申し込まれたのである。

角笛とともに異教徒と戦い、勝利し、都市を占領するローラン

国王カールは、その申し込みに対して、ピナーベルに「人質」を求めた。三〇名の親族が保証人となり、カールに誓い、警護のもとに置かれ監禁された。

一方、チェリーも右手の手袋を国王に差し出し、決闘を申し込んだ。国王は、それを受け入れた後、ピナーベルを解き放った。ちなみにこの場合、手袋は裁判担保の象徴だった。決闘者が死ねば、その封土が国王に返されることを意味していたという。

次に、椅子が四脚運ばれ、決闘場が確定された。二人は告解し、赦免され、祝福された。ミサを聞き、聖餐式に参加し、教会に寄進をした後、再び国王の前に戻り、戦いの準備をする。

それより両名、シャルルの大前に戻り
足に拍車を嵌《は》め込み
白色の岩乗《がんじょう》にして軽やかな鎧《よろい》を着し
燦然《さんぜん》たる兜《かぶと》を頭にしめこみ
純金の鍔《つば》もてる剣を帯び
紋章描ける盾を首にかけ
右手に鋭き槍を掻《か》い込み
はやる軍馬に跨《また》がりたり

馬上の二人は、互いに駆けより、激しく打ち合う。やがて馬からずり落ちて、ともに地上で戦う。剛勇のピナーベルはチェリーの兜を打ち、兜は裂けんばかりであった。フランス方の騎士たちの憂いは深く、カールは思わず叫ぶ。「神よ、正義に光あらしめ給え！」と。
二人の戦いは激しさをました。ピナーベルは刃の切っ先をチェリーに突きつけ、真っ向から切りつける。チェリーの右の頰は真紅《しんく》に染まり、鎧も血でぬれた。だが、神はチェリーを守り、死を免れさせた。逆にチェリーは、ピナーベルの鋼鉄の兜に切りつけ、それを粉々にした。切っ先が顔面を貫いた。この一撃で、勝敗は決した。フランス人たちは叫んだ。

「神は奇跡を行われた」

彼らはさらに叫んだ。「ガヌロンの、処刑を受くるのは当然にて、彼に味方せる一門の人々も同罪なり」と。人々はチェリーをほめたたえ、宮殿に帰還して留め置かれた人質とガヌロンの処置を決定した。諸侯は三〇人の親族を絞首刑に処した。さらに、フランス人たちはその後、ガヌロンを「苦しき極刑」に処することに決め、四つ裂きの刑を執行した。こうして、『ローランの歌』は、その決闘裁判の叙述を終える。

勝者を正当化する神判

『ローランの歌』は文学作品である。だから、その記述をそのまま鵜呑みにすることは避けねばならないだろう。しかし、文学的誇張はあるにしても、非歴史的であるがゆえにかえって、一一―一二世紀に行われていた決闘裁判の基本的なあり方と人々の意識を正直に反映しているようにも思われる。

いくつか注意したい点がある。まず、ガヌロンの代わりに戦うことを公言したピナーベルに対して、諸侯たちは、チェリー以外はまったく戦おうとしなかったことである。これは、彼らがガヌロンの剛勇に対抗できないと考えたことを意味する。つまり、諸侯は、神の裁きによる奇跡を信じず、力が勝敗を決定すると判断していた。むろん、ピナーベルも自分の強さを信じていた。

チェリーもまた、神の奇跡を頼りとして挑戦を受けたとは思えない。彼は、騎士としての誇りとカール王の臣下としての義務意識に基づいて戦おうとした。力の点で劣るといった類《たぐい》の話はまったく出てこない。チェリーもまた、実力で勝つ自信を持っていた。

しかし、本文の叙述では、双方が戦う前に赦免されミサを受け教会に寄進し、形勢不利なチェリーが最後にピナーベルに勝った瞬間に、諸侯や見学していた騎士たちは「神は奇跡を行われた」と叫んでいる。これは、明らかに神判である。

『ローランの歌』の世界では、自らの武力に自信と誇りを持つ騎士相互の勇壮な戦いと神の裁きとが自然に溶け合うかたちで結びついている。だが、チェリーの勝利は、話の筋からみても、けっして意外ではない。チェリーもまた立派な騎士として描きだされているからである。むしろ、戦士として鍛えてきた者同士の死力を尽くした戦いこそ、二人の決闘を栄《は》えあるものとしている。

だから、力による戦いと神の裁きとの結合は、やはり勝者のうちに神の意思をみるというゲルマン以来の伝統とみるべきであろう。神の前で戦い、その勝利こそ神によって実現される正義の証である、という観念は、自力救済を強調する世界でも否定しえない。だが、神が奇跡を引き起こすことによって勝者が生まれるのではない。強い者が勝ち、その勝利が正義の証、神の意思の表現とみなされる。自力救済が主で、その正当化として神の裁きがある。「神は奇跡を行われた」というどよめきは、超自然の出現に対する驚きではなく、勝者への称賛と結果に対する絶対的服従の声にほかならない。

自力救済の残酷

同じ頃に実際に行われた決闘裁判の例をみてみよう。ノルマン・コンクェスト（ノルマン人ウィリアム一世によるイングランドの征服）後の二代目の国王、ウィリアム二世の機嫌をとるために、オーガーというイングランド人が王子エドガーを訴える、という事件があった。告訴の内容は、エドガーが、自分と自分の子が王位の継承権を持つと主張している、というものだった。大逆罪の疑いである。この事件は、決闘裁判にかけられることになった。

エドガーはすでに高齢だったので、イングランド人であるゴドウィンが代わりに戦った。年代記作家のフォルダンが伝えるところでは、「静粛がヘラルド（式部官）によって宣言されたのち、双方の保証（手袋）が裁判官によって決闘場に投げ込まれた。裁判官は、すべての秘密を知っている神がこの訴訟の真実を明らかにされるであろう、と大声で叫んだ」。

戦いは凄絶だった。ゴドウィンがほぼ勝ちそうになったとき、剣の柄《つか》から刃が折れてしまった。オーガーはゴドウィンを猛然と追った。ゴドウィンは、柄を失った刃を拾い、それを二つの指で挟んで、オーガーの目を貫き、その頭に切りつけ、創傷を与えた。あまりの傷の深さにオーガーは倒れた。ゴドウィンはその上に足を置いたが、オーガーは長靴から短剣を取り出して切りつけようとした。これは、騎士にふさわしい武器以外は用いないという誓約に反するものだった。

だが、短剣も取り上げられて、オーガーは観念した。彼は、自分が行った告訴は偽りのものだったと告白した。にもかかわらず、オーガーは許されなかった。ゴドウィンはその後も傷口に繰り返し攻撃を加え、ついにオーガーは殺害された。

これは、決闘者が決闘で殺されるという珍しい例であるが、裁判官によって、神が真実を明らかにすると伝えられていることが注目される。決闘裁判は、ここでも神の裁きであった。しかし、戦いの現実はそう鮮やかではない。むしろ残酷である。しかも、戦いの経過を見ると、勝者の力量がそもそも敗者の実力を圧倒していたと思われる。

決闘裁判は、神のみが知る真実を明らかにする証明手続きだとしても、実際には戦う者の実力に左右されるのは明らかだった。人々もそのことはよくわかっていた。それでも決闘裁判が行われたのは、自力救済と力への想いが強かったからであろう。

決闘裁判は、封建制と騎士の時代にふさわしい裁判方法だった。

第三章　決闘裁判はどのように行われたか
——賢明な仕方で運用される愚かなこと

1400年に行われた2人の騎士の決闘裁判。2人はリングの中で戦っている。リングの中は平和の場とされており、魔術的意味があったとする説もある。リングの外の棒を持った2人は介添人

決闘裁判はどのように行われたか

『ローランの歌』や「オーガー対ゴドウィン事件」は、決闘裁判の一つの到達点を示している。慣習法を文書化した「ボヴェジ慣習法書」（ボマノワール、一二八三年頃）や「ザクセンシュピーゲル」（アイケ・フォン・レプゴウ、一二二〇―三〇年頃）、またコモンロー最初の教科書といわれる『中世イングランド王国の法と慣習』（グランヴィル、一一八七―八九年）に決闘裁判の方式が記載されたのも、おおむねこの一二―一三世紀のことである。この頃になって、決闘裁判の方式がほぼ確定されたといってもよいだろう。そこで、本章では、そのほぼ確定された時期の決闘裁判を念頭において、その具体的なあり方、つまり決闘裁判の形態と手続きを描いてみることにしよう。

決闘裁判の形態と手続きというのは、要するにそれがどのような要件のもとに、どのようにして実行されたのか、ということである。この作業によって、私たちは、決闘裁判の具体的なあり方をはっきりとイメージすることができるだろう。まず、どのような事件の場合に決闘裁判が行われたか、ということから始めよう。

『ローランの歌』では、決闘裁判の対象は大逆罪だった。「オーガー対ゴドウィン事件」もそうであろう。このように、大逆罪は、決闘裁判にもっともなじむ事件だった。

というのも、決闘による証明と決着は、まずなによりもきわめて重大な事件について用いられたからである。このことは、決闘が生死を懸けた激しい証明方法だということを考えると、ごく当然であろう。

話が少し戻ると同時に先取りすることにもなるが、神判を明確に否定した神聖ローマ皇帝フリードリヒ二世は、その時、決闘裁判も同じく禁止していた。だが、この一二三一年の法律でも、例外がもうけられていた。それは、「何者かが毒薬もしくはその他の方法で他の誰かを殺害する密殺と呼ばれる殺人」や「大逆罪」だった。決闘裁判を否定したフリードリヒ二世ですら、密殺と大逆罪についてはなおその存続を容認した。それほど、決闘裁判と大逆罪という重大事件との結びつきは固い。

また、フリードリヒ二世が「密殺」について、行為の「秘密性」を理由に決闘裁判を命じているのも注目される。これも、宣誓によって無実を証明することのできない要件として、神判や決闘の根拠とされてきたからである。密殺については、決闘裁判を引き起こした『ローエングリン』のエルザ姫のケースが思い起こされるであろう。

その他いろいろな事例はあるが、要するに決闘裁判の主たる対象は密殺や平和違反、偽証、姦通、民事・刑事の重大な事件であった。ランゴバルド法やフランク王国の勅法・神聖ローマ帝国の法を集めた「パヴィア法書」（一一世紀半ば）では、国王への反逆の非難、妻が夫の殺害を企図した場合、殺人や放火の疑い、自己の妻や娘が淫婦と呼ばれるか姦通したという非難を受けた場合、債務の存否をめぐる争い、不動産や五ソリドゥス以上の動産の強奪・窃盗・帰属をめぐる争い、証人が互いに対決する場合、「臆病者」と誹謗された場合など、皇帝の勅法を含むランゴバルド法に基づいた二三の事例があげられている。

決闘裁判の三つの型

ひとくちに決闘裁判といっても、そのあり方にはいくつかの類型がある。決闘裁判は、なによりも当事者またはその代理人同士の戦いである。事件の当事者がその決着をつけるために互いに直接争うのは当然であろう。これは、決闘裁判の基本的類型といってよいので、類型一と呼ぼう。

しかし、『ローランの歌』の決闘はこの型ではなかった。それは、むしろ中世の裁判に特有の構造に由来するもので、判決を下す者たちへの、当事者の側からの非難の当否を決定するものだった。この、判決人に対する決闘を類型二と見ることができる。

第三の類型は、一方の当事者に荷担する宣誓補助者や証人に対するもの、あるいは証人同士の決闘である。証人同士の決闘が遂行されることがいったんは決まった「フルリーの訴訟」を思い起こしてもらえばよいであろう。これもけっしてめずらしいものではなかった。むしろ、決闘を行うのは証人でなければならないというケースもある。

類型一は基本型で、とくに説明するまでもないだろう。一方、類型二と類型三は、現代人であるわれわれにはどうもわかりにくい。少し説明しておくことにしよう。まず、類型二について。

判決非難は、そもそも封建社会以前の古ゲルマンの時代にすでに行われていた。ドイツの法制史家ミッタイスによれば、判決提案は、それに賛同が与えられる以前であれば、どちらの当事者によっても、裁判集会に参加するどの自由民によっても、非難されることができた。この非難は、法を曲げたという非難であり、判決発見人の名誉を傷つけるものであった。それゆえ、非難の当否は決闘でつけざるをえなかった。

この伝統は封建制期にも続いた。「ザクセンシュピーゲル」によれば、ザクセンの自由人(やはり原告・被告に限定されない)が判決提案を非難しようと欲するときには、「彼の右手および多数者を引き合いに出し、そして彼が自分とともに七人で他の七人を相手に判決を攻撃」しなければならない。これは、非難した者たちと非難された判決人とが決闘することを意味した。むろん、勝ったほうが判決を獲得する。「打ち負かされた人はいずれも、裁判官に対して罰金を支払い、且《か》つ、彼を相手に戦った者に対して贖罪金を支払う」(「ザクセンシュピーゲル・ラント法」第二巻第一二条第八項)。「ボヴェジ慣習法書」では、判決を非難しようとする者は、単独で複数の判決人に敵対しなければならない。それゆえ、ボマノワールは「賢明に訴える確かな方法」を示していた。それは、判決人が提案を完全に終える前に、裁判官をして一人の判決人の提案とそれに賛同する判決人一人の名を伝えよ、というものであった。非難しようとする者は、提案に賛同した判決人に対して、自らまたは代闘士によって決闘することを申し込む。非難された判決人は、自己の意見の正しさを宣言し、代闘士を立てる場合にはその旨を明らかにする。裁判官は、こうして非難者から決闘のための保証(後述)を受けて決闘を認めた。ただし、判決人は保証を提供する必要はない。

この場合、非難者が勝てば、敗者は六〇リーブルの罰金を裁判官、つまり主君に払わねばならない。また、判決人が勝てば、非難者は裁判官と相手の判決人にそれぞれ六〇リーブル、他にも決闘を申し込んだ判決人があれば、そのそれぞれについて同額を払わねばならない。判決非難は、決闘とともに制度化されていた。

宣誓補助者や証人との決闘

第三の類型は、宣誓補助者や証人との決闘あるいは証人同士の決闘である。

宣誓補助者に対する決闘は、宣誓によって当事者と一体化した宣誓補助者に対して求められた。これも、ミッタイスによれば、「宣誓者の手を〔宣誓の際に手を触れる対象物から〕引き離すこと」による「非難」として開始された。「しかしこの場合には非難者は、〔被告のみならず〕すべての宣誓補助者を相手どって、決闘しなくてはならなかった」（世良晃志郎訳『ドイツ法制史概説』）。

証人との決闘は、より一般的だった。たとえば、「バイエルン部族法典」には、いくつか規定がある。大逆罪に関するものがその一つである。大公の殺害を企てた者について、その企図が証明された場合には、その身体と生命は大公に、その財産は国庫に帰するが、それには「三名の同身分の証人」の証明が必要であった。だが、証人が一名で、相手方がこれを否認するときは、彼らは「神判」としての決闘を受け入れなければならない。「彼らは決闘場に赴き、神が勝利を与えた者に信が置かれるべきである。また、決闘は、何ぴとも憎悪によって滅亡することがないように、人々の面前において行われねばならない」（「バイエルン部族法典」第二章の一）。

「ボヴェジ慣習法書」も証人に対する決闘の申し込みを規定している。最初の証人がその証言について誓約した後、第二の証人が聖遺物にかけて証言しようとするとき、決闘しようとする者は、裁判官にその証言が虚偽であり、偽誓であるとの主張を行った。証人がこれを認めれば、裁判官は証言を認めてはならない。しかし、「証人が防衛することを申し込むならば、決闘の保証を受け取らねばならない」（「ボヴェジ慣習法書」第一七六二条）。

ちなみに、この時代においても、ルートヴィヒ敬虔帝の頃と同様に、敗れた証人に対する処罰は苛酷だった。中世社会にあっては、偽誓を憎むこと、それに厳しく臨むことは、とうてい近代の比ではない。ボマノワールによれば、偽証を理由として決闘を申し込まれた証人あるいはその代闘士は、敗れたならば「その戦いが人的財産に関するか不動産に関するかを問わず、その片手を切断され」た。代闘士が戦って敗れた場合、「偽証者と非難された者は偽誓証言のかどで有罪とされ、主君の意のままに随意の罰金が科される。また、その事件が犯罪であれば、その者は訴訟とともに命を失うであろう」（「ボヴェジ慣習法書」第一七六四条）。

それゆえ、決闘の可能性のある証人となることを人は拒否できる、あるいは戦うことのできない聖職者はそのような証人となりえない、とボマノワールは伝えている。

イングランドでは、証人による決闘がごく一般的だった。土地をめぐる争いでは、証人による決闘裁判か国王裁判所の大アサイズ（一種の陪審裁判）によって審理が行われた。決闘裁判が選択された場合には、原告の証人と被告自身または「適格な第三者」が決闘に臨んだ。

原告はそもそも自分自身では戦うことができなかった。原告は、自らは訴訟を追行しえないとされていたからである。「訴追は事実を聞きかつ見ている適格証人を通じてしか行われえない」（『中世イングランド王国の法と慣習』第二章第三節）というのがその理由だった。

原告の証人は複数でよかったが、一人は決闘を誓約しなければならなかった。原告は、土地を占有し利益をあげているのを彼が実際に見、かつ聞いたその臣下である自由人を証人としてあげた。

封建臣下は、判決非難に対して決闘するとともに、証人としても決闘しなければならなかった。原告・被告の双方が証人を出し、証人同士が戦うことも当然あっただろう。これは、もはや証人同士の戦いというよりも代理決闘に近い。証人として強い代闘士を立てようとするのは人情だからである。イングランドでもそうだった、とグランヴィルはいう。証人は、むろん適格な者でなければならない。

しかし、雇われた代闘士が報酬のために証明を行うべく法廷に引き入れられる、

ということが頻繁に生じている。(同前)

おそらく、実効性がなかったためであろう。直江真一氏によれば、一二七五年の制定法は、原告の代闘士が証人であるという擬制を無意味とした。決闘士は、それ以後、もはや証人としての宣誓をしなくてもよいことになった。

誰が決闘できたのか

決闘裁判がこのような類型に分かれるとして、実際に誰が決闘する権利を持ち、誰が実行したのか探ってみることにしよう。はたして中世ヨーロッパでは、誰もが決闘できたのだろうか。それとも特定の身分の人たちだけが決闘しえたのであろうか。封建社会にあっては、これは重要な問題だった。

ドイツの法制史家ハンス・フェールによると、中世ヨーロッパにおいてもっとも重要視された権利に、騎士階層の者たちにのみ許された「武装権」がある。決闘裁判の権利もこの武装権に属していた。したがって、厳密にいえば、騎士だけが決闘することができた。『ローランの歌』に登場するのはすべて騎士たちであり、彼らが他の神判ではなく、決闘によって問題を解決しようとしたのは、その意味でごく自然だった。

フリードリヒ・バルバロッサの「ラント平和令」によると、「平和の侵害のかどで、あるいはなんらかの重大な事件において、ある騎士が他の騎士に対して決闘裁判を行おうと望むならば、決闘する許可は、その騎士自身または彼の祖先が昔から生まれながらに合法的な騎士であることを証明できなければ、彼に与えられない」（「ラント平和令」第一〇条）。

だが、盛期封建制の時代になって、決闘裁判は騎士にのみふさわしいと理解されるようになったとしても、それはそう厳密ではなかった。たとえば、「ザクセンシュピーゲル」には「人は、より低い身分に生まれている者による挑戦を退けることができるが、より高い身分の者からの決闘の申し込みを拒絶することはできない」（「ザクセンシュピーゲル・ラント法」第一巻第六三条第三項）という条文があり、非騎士階級の者との決闘の可能性を示している。

これをさらにはっきりと示しているのは、ボマノワールである。彼によれば、貴族と平民を含む自由人は決闘する能力を持つ。たしかに、農奴と自由人、非嫡出子と嫡出子、特定の病者と健常者との間で、決闘裁判を行うことはできない。だが、平民は互いに決闘することができる。決闘権を有する自由平民が貴族に対して決闘を申し込むことも可能だった。ただ、貴族はこれを拒否できた。逆に貴族が平民に申し込むことも許されたが、この場合、貴族は農民のいでたちで戦わねばならない。

騎士または楯士が平民を決闘裁判に訴えるときは、彼は平民と同様に、徒歩で、しかも決闘士風に武装して決闘する。なぜなら、彼は、それほど身分の低い人物を決闘裁判に訴えることによって身を落としたために、その威厳は、この場合には、訴えられた者が権利として身に付けることのできる武具の程度に留め置かれるからである。同時にまた、貴人が平民を決闘裁判に付してなお馬および武具において有利であるのは、非常に無慈悲なことだからである。(「ボヴェジ慣習法書」第一七一五条)

それゆえ、決闘裁判は、封建社会にあっては騎士階層の者にこそふさわしいと考えられていたとしても、それはけっして絶対的ではなかった。農民も市民も、そしてときには老人や女性も決闘を行った。

代わって戦う者

だが、ほとんどすべての自由人が、少なくとも同身分の者の間で決闘できたとしても、戦うのが不都合な人々も存在した。聖職者は自ら血を流してはならないとされていたし、女性や老人、少年はやはり決闘をすると不利であろう。そこで、この場合には、彼らに代わって戦う人を代理に立てることが許された。

「ボヴェジ慣習法書」は、代理人を立てることのできる事例を具体的に、「代理を求める者がその四肢の一つを失い、そのために肉体がより劣ることが明らかな場合」「六〇歳を超えていること」「痛風のように突然病気になる場合」「女性が訴えるか訴えられている場合」（第一七一三条）としている。

決闘を代行するのは、まず親族だった。「ボヴェジ慣習法書」第一七九七条は、決闘を申し込んだ者が当人でもその当人の親族でもない場合には、訴えられた者は決闘を拒否することができる、と規定している。これは、親族と決闘の代理とのつながりをはっきりと示した例といえよう。

同様に、「ザクセンシュピーゲル」にも、死者のために親族が決闘する権利が記載されている。それによると、決闘裁判にあっては、原告が最初に決闘場に入ることになっている。だが、相手側が三度の召喚に応じない場合、原告は風に向かって「二撃と一突き」を為し、これをもって決闘に勝利したかのように判決が下される。正当防衛によって他者を殺害した人物も、同じく死者を裁判に訴え、召喚に応じない死者を

「一撃と一突き」によって自己の潔白を公示し、死者の親族による復讐を回避した。それどころか、証人を登場させる場合には、決闘の申し込みという一種の擬制すら不必要だった。「窃盗または強盗または同種の犯罪に際して相手を打ち殺した場合」、人はその殺害の正当性を証明しなければならない。だが、「もし七人の証人によってその犯罪を証明しうるならば、死者に決闘することを申し込む必要はない」と。だが、この方式も絶対ではない。アイケ・フォン・レプゴウは、親族の連帯性と名誉への配慮により、これを遮断する可能性を残した。加害者の側からの死者に対する訴えの証人証明は、死者の親族の決闘権によって容易に排除された。

しかし、誰であれ、死者の親族が決闘において死者の代理となることを申し出るならば、この親族はすべての証人証明を排除する。なぜなら、この場合、死者が地方追放（アハト）に処せられているのでない限り、決闘によらずに死者の罪を認めさせることはできないからである。（「ザクセンシュピーゲル・ラント法」第一巻第六四条）

親族に属する者の重大事は、親族全体の重大事だった。それゆえ、決闘裁判で親族が登場するのは当然のことだった。もし弱い者が当事者であれば、親族の中のより強い者がそれに代わって戦うのに、何の不都合があるだろうか。

女性、身障者、少年、老人のために親族の一員が戦うことは自明であり、義務でさえあった。トゥールのグレゴリウスは、老齢の侍従長クンドと森番との争いに際して、クンドが彼の甥に決闘を代行させたことに何の疑義もはさまず、当然のこととして記述していた。また、女性については、たとえば、ランゴバルドのある王令は、妻が夫の殺害を謀った場合、夫は望むことをその妻とその財産に対して行う権利を持つが、「妻がその疑いを否認するならば、妻の親族たちは宣誓によって、あるいは代闘士、つまり決闘によってその妻を雪冤することができる」（「ロタリ王法典」第二〇二章）と定めた。

さらに、九世紀初頭に成立したとされるチューリンゲン法でも、妻が夫を毒（魔法）によって殺害したか、あるいは悪意をもって殺害しようとしたと疑われたならば、「その女性のもっとも近い親族が決闘によって彼女の無実を証明しなければならない」。だが、代闘士を持たない場合には、彼女は「九枚の灼けた鋤の刃の審問に身をささげねばならない」――（「チューリンゲン法典」第六章の五二）。

ランゴバルド法もチューリンゲン法も、当人に代わって戦う者をカンピオ、つまりチャンピオンと呼んでいる。決闘裁判に登場する戦士は、このように代闘士《カンピオ》と呼ばれた。親族が代闘士となるのは、アレマンネン人の法にも明記されている。

代理される者の拡大

守るべきは親族や血縁集団の名誉と利害であった。この前提からすると、決闘の代理は必ずしも力弱き者の代理に限定される必然性はないことになる。一門の名誉と権益のために、当人に代わってより強い親族の一員が戦うとしても、血の原理からすると何の不都合もない。それどころか、一五世紀ウェールズの法令集では、見知らぬ者が親族の権利を得る方法の一つに、自ら決闘しえないかその意思のない当事者のために自由意思で決闘を代行することがあげられていた。決闘は、他人を親族にするほど、血と結びついていた。

血と共同体の原理は、親族以外の者にも拡大した。中世的世界は、擬似血縁関係のネットワークであった。すでに示したように、誓約によって結合した人々も親族類似の存在として、宣誓補助者、証人となり、親族と同様に戦うことが求められた。封建契約によって主君にオマージュをささげた騎士も同様である。彼らは主君のために戦うが、それは戦争に限定されなかった。決闘もまた、騎士の義務であった。「ボヴェジ慣習法書」が親族のためか自己の君主のためでなければ決闘することは許されない、と規定していたのもそのためである。それどころか、騎士は「誰であれ無実の者を解放するために決闘に出かけること」を叙任に際して誓約することすらあったという。エルザ姫を救出するために登場したローエングリンは、まさにこのような騎士だった。ヨハネス・ドゥ・ベーカという著作家は、一三四〇年前後に書いた『年代記』で、一二四七年にケルンの大聖堂で行われたホラント伯ウィレム二世の騎士昇進式について記述し、その際にウィレムに与えられた騎士の規則の一つに「罪なき者に自由を得させるために決闘の戦列に加わること」をあげている。もっとも、それを紹介したフアン・ウィンターによれば、それはベーカの捏造だが、「当時の実情を暗示する」(佐藤・渡部訳『騎士』)ものであった。

しかし、すべての者が親族や臣下に代闘士を求めることができたわけではない。たまたま戦える親族を持たない者もいたであろう。また、そもそも教会や修道院、そして都市は、団体であるがゆえに親族を持つはずもなかった。しかも、教会や修道院は聖職につく者たちの集まりであるから、彼らが自ら決闘することはできなかった。ところが、教会は広大な所領を所有していたので、土地や農奴をめぐる紛争は絶えない。教会といえども、中世社会の中の存在であるから、相手側からの申し出を含めて、決闘によって問題の解決を図ろうとすることも少なくなかった。そのような教会に代闘士が認められるのは、ごく自然なことだった。

教会の代闘士は、おそらく当初は、聖ベネディクト修道院の事例のように、教会のために戦う意思と能力を持つ証人だった。だが、証人となって決闘するのは危険な行為だった。代闘士は、自身の生命、名誉、右腕、財産を失いかねなかった。そこで、とくに教会においてある制度が発生した。裁判決闘を専門的に行う、いわゆる雇われ代闘士である。

決闘士とは

決闘は、危険な賭けだった。だが、決闘を行い、自身と親族の利害と名誉を守ることは、中世人にとって権利であるだけでなく、義務ですらあった。それは、法的な制度にまで高められていた。

この危険と名誉と法のはざまから、決闘を代行することを職業とし、戦う訓練を積み、勝つことに命を懸け、負けた場合にはほとんどの場合、自らの身体と生命で贖《あがな》うことを旨とする、雇われ代闘士が登場した。いわばプロフェッショナルな代闘士である。この、契約によって雇われたプロの代闘士を、親族などによって担われた一般的な代闘士から区別するために、以下ではとくに決闘士と呼ぶことにしよう。

決闘士がどのようなかたちでいつ登場したかは、よくわからない。比較的はっきりしているのは、「リウトプランド王付加王令」第一一八条（七三一年）である。これは、前にも引用したが、財産を決闘で奪おうとする者たちに対抗する法律で、「もし一撃が犯罪のかどで訴えられている者または彼が雇った代闘士の上に落ちたならば、その者は全財産を失わず」「死者の身分に従って訴人に贖罪しなければならない」と規定していた。この、被告が「雇った代闘士」（camphio ipsius, quem conductum habuit）という表現は、明らかにその代闘士が職業的決闘士であることを示している。

「フリースラント法」では、同様の表現がより一般的な許可のかたちで登場する。「誰であれ、もし決闘士を入手しうるのであれば、自分の代わりに決闘士を報酬によって雇うことができる」（第一四章の四）と。

「バイエルン部族法典」の第一八章「代闘士および彼らにかかわる訴訟について」は、決闘で一方が他方に殺されたとき、殺された者がたとえ貴族であっても、一二ソリドゥス以下でしか賠償されず、その賠償は彼を「不正に」雇った者が払わなくてはならない、と定めている。一方が「奴隷」であっても、事態は変わらない。ただ、主人の同意なく決闘して死んだときは、主人に対し二〇ソリドゥスでその奴隷に賠償をしなくてはならない。

この条文は、代闘士として決闘で死亡した場合、その死に対する賠償は、「不正に雇いたる者」が負うことになっている。つまり、この代闘士は親族やそれに類似した者というよりも、決闘士であろう。その賠償額が低いことや、わざわざ法律で賠償責任が雇った者の側にあると定められていることがその裏付けである。

決闘士の利用は急速に拡大した。ランゴバルドでは女性や身障者などに限定されていたが、神聖ローマ皇帝ハインリヒ二世の時代には、決闘士の利用を親殺しや悪質な殺人に限定する法律を発布せざるをえないほど、その制度は行きわたっていた。フリードリヒ二世は「メルフィの勅法」で決闘裁判を「証明手段」たりえないとして禁止したが、その理由として、強さや身体の大きさの点でほとんど同じ「二人の戦士を見つけることはけっしてできない」ということをあげている。これは、その当時、決闘裁判に決闘士を用いるのが一般的だったことを示している。

もっとも、イングランドでは逆に、殺人、放火、強盗、強姦、夜盗、窃盗といった重罪については、一三世紀以降は決闘か陪審によって判決されることになっていたが、決闘の場合、民事の土地訴訟と異なり、戦うのはともに当事者本人でなければならなかった。これは、結果が死刑に結びつくからである。

差別された決闘士

「バイエルン部族法典」の補償額が暗示しているように、決闘士の地位は一般に低かった。それはそうであろう。金で雇われて生死を懸けた戦いをする者が、高貴な身分の者であるはずがない。向こう見ずで、ローマの剣闘士のように武器を操る訓練を積んだ者が決闘士として活躍した。その中にあやしげな人物が紛れ込むのも当然だった。カール大帝は、ランゴバルド人に対して、窃盗犯を決闘士として用いてはならないと定めたが、同様の規定がその後も繰り返し出されたという。

決闘士は、ただ身分が低いというだけでなく、しばしば差別されていた。「ザクセンシュピーゲル」にその裏返しの表現がある。「強盗または窃盗によってその権利を喪失した者たち」が再び窃盗または強盗の罪に問われたとき、彼らは、「自身の宣誓をもって責を免れることをえない。その場合、彼らは三種の選択を有する、灼熱している鉄を持ち支えること、または沸騰している釜の中へ手を肘《ひじ》まで入れてつかみ取ること、または決闘士に対して身を守ることである」(「ザクセンシュピーゲル・ラント法」第一巻第三九条)。

自由人は一般的には宣誓で雪冤することが許されていた。ところが、権利能力を喪

「ザクセンシュピーゲル・ラント法」第１巻第39条を説明する図。右の男は熱鉄を持ち、中央の男は熱湯に手を入れている。左は決闘士

失すると神判によるか決闘士と戦うことを余儀なくされるという。この決闘士はおそらく裁判所（裁判官）が雇用していた剣士であろう。

決闘士には、裁判所雇用の決闘士と当事者雇用の決闘士がいた。たとえば、一〇一七年、皇帝ハインリヒ二世は、メルセブルクとマグデブルクで、審理されていた強盗の中の誰が有罪かを決めるために決闘士を用いている。だが、このように裁判所に帰属する決闘士であっても、「ザクセンシュピーゲル」のこの条文によれば権利無能力であった。権利能力を失った者は決闘士と戦うことによってしか雪冤しえないとされているのは、決闘士が権利無能力だ

ったからであろう。裁判官が雇用する決闘士と戦うのは、それ自体として不名誉だったにちがいない。

一般の決闘士についても、事態は同様である。

決闘士およびその子、遊芸人、および嫡出で生まれなかったすべての者、および窃盗または強盗について贖罪金を払い、物財を返還した者、およびその行為について裁判所で有罪とされたか身体または皮膚と髪を（贖罪金によって）買い戻した者、これらの者はすべて権利（能力）を持たない。（同前、第一巻第三八条第一項）

決闘士が法的に無能力とされたのは、そのあり方によるが、とりわけ一二世紀以降に発達したローマ法学によるところも大きい。ローマ法は、あのスパルタカスのような剣闘士を法的無能力者と規定し、差別した。中世のローマ法学者は決闘士をこの剣闘士に比した。ローマ法のある法文（「新勅法集」第一一五法文第三節）では、息子を相続人から排除する「忘恩」の規定の中に、息子が遊芸人や剣闘士となり、その職業をやめない場合があげられている。一三世紀フランスの有名な法律家であるピエール・ドゥ・フォンテーヌは、一二五三年頃にヴェルマンドワ地方の慣習法を書き記し、その際にローマの剣闘士をフランスの決闘士と置きかえている。それは、剣闘士の法的無能力を示すものだった。

決闘士は不名誉な身分に属する者で、最悪の犯罪者と同じ地位にあるとされ、技術と勇気を売る点で、自身の魅力を売る売春婦と同じ階層に区分された。エルンスト・シューベルトによると、中世の都市周縁には貧民や差別された者たちの住む地域があった。それは街路名にも反映した。エアランゲンには「物乞い小路」が、ブラウンシュバイクには「盗賊街路」があった。そして、ウィーン、フランクフルト、ケルンには「闘士横丁」があった。この名は「評判がよからぬ賤民で、決闘裁判において他人に代わって自分の命を危険にさらしたようなプロの闘士」(メクゼーパー、シュラウト共編、瀬原義生監訳『ドイツ中世の日常生活』)が惨めな小屋や住居に住み、差別の中に集団で暮らしていたことを示している。

手を切断された決闘士

決闘士は相続人から排除されたし、証人になることもできなかった。日常生活で損害を与えられても、人格ある存在としてまっとうな補償を受けることもできなかった。

彼らに対する損害賠償は、貴族、市民、農民に遠く及ばず、農奴の程度にすら達しない。それどころか、決闘士が得ることができたのは、損害賠償の象徴となるものにすぎなかった。それは、詐欺師にも劣っていた。

詐欺師は、自身が損害を受けた場合、それに対する正当な報復として、壁に投影された襲撃者の影に平手打ちを加えることができた。だが、決闘士とその子は、「太陽に向けられた相手方の光り輝く盾から生ずる一閃《いっせん》が補償として与えられる」にすぎなかった。

敗れ去った決闘士は、しばしば敗訴した本来の訴訟当事者が蒙《こうむ》る以上の罰を受けた。刑事的要素の強い事件の場合には、決闘士が生命や手足を奪われるのもまれではなかった。それは敗北の代価であったが、敗北は偽誓を意味したためでもあった。イングランドでは、決闘士が証人として宣誓するという擬制が長く用いられた。ノルマン人の間では、土地をめぐる争いで決闘が行われる場合には、当事者の主張の真実を決闘士が宣誓するのが習いだった。敗れた場合、当事者は財産的損害を受けただけですんだが、決闘士は重い罰金を科され、不名誉者として原告にも証人にもなれなかった。また、イングランドでは、同様の訴訟の中で、原告の決闘士が敗れた場合、重い罰金を科され、法の保護を失った。

刑事的事件では、敗れた決闘士は「偽誓」のゆえに、絞首されるか、手または足を失った。十字軍国家のもとでは、敗れた決闘士は、死んでいても生きていても、絞首に処せられたという。

決闘士に対する処罰が厳しいのは、差別と偽誓という建て前のためだけではなく、もっと現実的な理由もあった。「クレルモンの慣習」では、敗北した決闘士はその手を切断された。「というのも、もしそのような身体的損傷がなければ、決闘士は欺いて賄賂《わいろ》を受け取り、偽装し、敗北したと宣言するかもしれないからである。そのために、彼の雇用者は財を減らし、名声を失うかもしれない。決闘士は、金とともに去るであろう」。ボマノワールはそれゆえ、手を切断するのは「よいことだ」と言う（「ボヴェジ慣習法書」第一七二一条）。

フリードリヒ二世もまた、「決闘士の欺瞞」を恐れていた。彼は、決闘士が雇い主を欺くか怠惰のために、真剣に戦わず、いとも容易に敗れ去ったならば、その事件が大逆罪または密殺に関わるものであれば、当事者がさらされている死の危険と同様に、決闘士は「死すべきである」（「メルフィの勅法」第二巻第三九章）と定めた。なぜなら、この場合、訴えの当事者は、敗れても命を失うことはないからである。

決闘士の収入

決闘士が差別されていたとしても、職業であるから収入は得ていたはずである。それは、いったいどれくらいのものだったのであろうか。はっきりしたことはわからないが、その記録がいくらか残っているイングランドでの例をいくつか紹介しておこう。

一二八七年、サフォークにあるいくつかの地所をめぐって、コックフィールドのネスタの共同相続人と聖エドマンド修道院との間に争いが起こった。このとき、イングランドでは、土地については陪審裁判か決闘裁判のいずれかの方法で判決が出されることになっていた。修道院長は決闘を選び、決闘士を雇った。リンカーンシャー出身の一人の決闘士が選ばれた。通称「牧師のクラーク」と呼ばれた人物である。

彼は、現金で二〇マルク受け取り、さらに決闘後に三〇マルク受け取ることとされた。さらに、彼と彼のトレーナーを修道院は少なくとも六カ月の間もてなすこととなっていた。これは、他の契約書と比較しても、優れた決闘士に対する報酬としては標準的なものだったという。

この事件を記した『ベリ年代記』によれば、結果は明白だった。「われわれの決闘士はロンドンでの決闘で殺害された。われわれはセマーとグロトンの荘園を失った。それを奪い返す望みはもうない」。

また、スィンフェルトの司教は、一二七六年にブリッジズのトマスという決闘士を年六シリング八ペンスで雇う契約を取り交わしている。トマスは契約期間中、何事であれ司教のために戦うことを誓った。むろん、この金額は、いわば専属契約に対するもので、実際に戦うことになればさらに上積みされることになっていた。

一二五八年、ヘンリーという人物がバースとウェールズの司教および聖堂参事会と戦うために三〇マルクでグラストンベリーの修道院長と契約した、という記録もある。一〇マルクは決闘の保証が行われた際に、五マルクは「頭を剃《そ》ったときに」、一五マルクは決闘で相手に一撃以上を与えた場合に、払われることになっていた。このヘンリーの印章には、左手に長方形の湾曲した盾、右手にはくさび形のハンマーのように先端が尖《とが》った武器を持った、素足で剃髪の決闘士が描かれていた。この武器は、牛の角を先端につけた棒である。

一説によれば、教会が雇用した決闘士の場合、その地位は必ずしも低くなかった。彼らの戦いは決闘場にとどまらない。教会にも従軍の要請のある重大な戦争の際には、決闘士が教会の下僕たちを率いて戦場に向かったという。その地位はしばしば名誉あるもので、もともと騎士が代闘士として戦った名残りが強かった。もっとも、「牧師のクラーク」やヘンリーにはたして敬意が払われていたかどうかはわからない。赤阪俊一氏は、決闘士をすべて被差別民だったとするような見方に注意を促している。

決闘の作法

では、決闘は実際にどのようにして行われたのであろうか。

まずはじめに行われなければならないのは、裁判官への意思表示であろう。『ローランの歌』で国王に右の手袋を差し出したのは、裁判官である王に双方が決闘の意思を示した一つの象徴的行為であった。むろん、口頭でもかまわない。「ボヴェジ慣習法書」は、そのいくつかの文言を示している。

たとえば謀殺の場合、原告は裁判官に被告の不正を主張し、こう語った。「被告がそれを認めるなら、私は、貴兄に彼を謀殺者として扱うように求める。もし被告がそれを否認するなら、私は私自身か、私の代理をする何者かによって、決闘でその事実を証明したい。代理を立てるのは、私がそうする法的な理由を持つからである。その理由については、適当な時期に適当な場所で明らかにしよう」（第一七一一条）と。「ザクセンシュピーゲル」もまた同趣旨の文言を示している。誰であれ、彼と同身分の者に「決闘を要請しようと望む」ならば、その者は「まさにそこにいるその平和破壊者を法にしたがって取り押さえることが許されるよう裁判官に請わねばならない」。

許されるならば、彼は相手を取り押さえ、次のようにその罪を問う。被告は、国王の道路の上か村の中で自分に対して平和を破った、そして自分を傷つけ、暴力を加えた。

さらに、相手が自分の財産を強奪した、それも「まさに決闘に値するほど多く奪取した」と。そして、裁判官にこう語らねばならない。

私はこの男を自分の目でそこで見て、大声で叫んだ（叫喚告知した）。彼がこのことを認めれば、それは私にとって好ましい。だが、彼がそれを認めなければ、私は彼にそれを……証明しよう。（「ザクセンシュピーゲル・ラント法」第一巻第六三条第二項）

グランヴィル『中世イングランド王国の法と慣習』によれば、土地をめぐる争いに関して一定の手続きの後、原告は、裁判官の前でその権利を主張し、その土地を父の代から封土として占有し、少なくとも五シリングの価値のある収益をあげていたと述べたうえで、「私は、私の臣下であるこの自由人Hによって……証明する用意がある」と陳述しなければならない。この場合、自由人の名はいくらあげられてもよいが、一人だけは決闘の保証を行う必要がある。このような陳述によって、原告は証人による決闘を要求した。

被告は、これに対して、大アサイズという一種の陪審による国王の裁判を受けるか、決闘によって否認するかの、いずれかを選択する権利を持った。被告が「決闘によって防衛することを望むなら」「自己自身または誰か代理の適当な人物が、原告が行ったのと同じように、一字一句違《たが》えずに原告の権利を遠ざけねばならない」。だが、こうしてひとたび、「決闘が保証されたならば」、国王の裁判に審理を移すことはもはやできない。

ついでに確認しておくと、代闘士または決闘士を用いる場合には、この陳述の段階でそれを明らかにし、許可を受けておくことが必要である。

決闘の保証

決闘を行うことが決定すると、保証が求められた。裁判官が保証を受け取ると、決闘裁判が正式に許可されたことになる。

一般的にいえば、法的制度としての保証あるいは担保は財貨によって行われるのが普通である。古代ローマには神聖賭金《ときん》訴訟という方法があり、双方が一定の賭金を提供して、敗訴の際に国庫に没収されることになっていた。これなどは、財貨による保証であろう。これは、もともと神の前での「宣誓」による訴訟だったために、敗訴者が偽誓のゆえに神によって復讐されるのを避けるために、あらかじめ神への贖罪金として準備されたという。この宣誓の後に決闘が行われ、決闘に勝った者が訴訟の勝者となったという説もあるが、これは立証されていない。

決闘裁判でいう保証はどうであろうか。実は、これがどうもはっきりしない。資料では保証という言葉は繰り返し出てくるが、具体的にどのようなものか示していないからである。「ザクセンシュピーゲル」の日本語訳の訳者は、決闘をきちんと最後まで行い、結果に服するという口頭の約束をさす、と説明している。また、フランスでも、それは保証金であるか、あるいは何らかの象徴、とくに手袋だったといわれる。また、保証とは保証人をさす場合もあった。イギリスの決闘裁判では、決闘の保証とはしばしば人を意味した。

古い呼び方の英語では決闘裁判を wager of battle という。wager というのは、「賭ける」とか「誓約」するということである。この言葉は、別に「担保」という意味も持っていた。スコットランドの歴史家ニールセンによると、イングランドでは、当初は挑戦と受け入れのシンボルとして手袋が交換されたが、その後、担保として人が提供されたという。その担保になったのは、当事者の隣人だった。この隣人が、決闘者が

「ザクセンシュピーゲル・ラント法」を説明する図

1　決闘裁判を拒絶できる第一と第二の場合。中央に座しているのが裁判官。中央の腰をかがめている男は、決闘を申し込もうと剣と楯を取ろうとしている。決闘を申し込まれたのは左端の男だが、これを拒絶しようとしている。男は手を下に向け、相手が下の身分の者であることを伝えている。身分の相違は、決闘を拒絶する理由となった。中央の裁判官に面している男も身分が高い。裁判官に直接語りかけ、大きく描かれているからである。左から３番目の男は、午後になって決闘を挑まれたので、決闘を拒絶している。指で時間がたったことを示している（第１巻第 63 条第３項）
2　決闘できない第三の場合。剣と楯を持った男が決闘しようとしている。これに７人の男が、聖遺物に懸けてこの２人が互いに親族であることを誓っている。親族は決闘できない（同上）
3　決闘者に決闘の衣服を着けている場面。検分の使者も描かれている（左から２人目と右から４人目）（第１巻第 63 条第４項）
4　中央が裁判官。裁判官の両隣は介添人で、棒を持っている。両端の２人は決闘する者で、２振りの剣と１個の楯を持っている（同上）
5　中央の裁判官が決闘者に、聖遺物に懸けてそれぞれの主張の正しさを誓わせている（同上）

決闘日にやってくるのを担保するための保証人となった。この保証人を差し出すのが「決闘の保証」である。

つまり、保証とは、決闘にやってくることの保証だった。保証したにもかかわらず、決闘に来なかったり、遅れたりした者には、罰金や何らかの罰が科された。また、保証人には憐憫罰（罰金）が科された。

なお、当事者が保証をしようとしないかできない場合には、その当事者は争いが終わるまで拘置される（『ボヴェジ慣習法書』第一七六三条）。また、「決闘裁判の三つの型」の項ですでに指摘したように、判決非難の決闘では、判決人は保証を提供する必要はなかった。なぜなら、判決人は家臣であって、判決を守ろうとしなければ、「領主に対して六〇リーブルの罰金を支払わねばならないからである」（『ボヴェジ慣習法書』第一七五五条）。

『ローランの歌』で、ピナーベルが三〇人もの人的保証を行っているのに、チェリーが手袋を預けただけで済んでいるのは、ピナーベルが判決を非難し、チェリーが判決を守る側にいたからであろう。カール王が保証人になったという解釈もあるが、この裁判は類型二の判決非難の決闘なのだから、その必要性がそもそもないはずである。私は、カール王が保証人になったという解釈をとらない。

なお、ボマノワールは、非難する側だけが保証するのは、彼がその訴えに決闘で敗れたときに、領主に六〇リーブル、決闘の相手に六〇リーブル、さらに彼が非難した判決人にそれぞれ六〇リーブルの罰金を払わねばならないからだと記している。罰金の支払いに重点が置かれているから、この場合の保証は、相当の財貨を提供することを意味したかもしれない。

決闘場

保証が求められるのは、通例の場合、決闘が裁判所で受理されても、決闘そのものは一定の期間をおいてから行われるので、その間に当事者が逃亡しないためである。当事者をただちに拘置することも考えられるが、それでは準備ができない。そこで、「ボヴェジ慣習法書」は、その第一五八五条で、決闘裁判の際には、拘置された「当事者が、再び法廷に現れるためのよき保証人によって自己を保証するならば、彼らに保釈が許されねばならない。彼らは事件が必要とすることを行うための準備をすることができる」と定めた。

一方、法廷は決闘場の準備をそのあいだに行った。リチャード二世を甥とするグロスター伯トマス・オブ・ウッドストックの『決闘場における戦闘のしきたりと作法』

によると、イングランドでは、国王が決闘する場所を探し、その設営は侍従武官長が行う。長さ六〇フィート、幅四〇フィートの広さがなければならない。土地はしっかりとしていて安定しており、固いことが必要である。また、大きな石のない状態で、平らでなければならない。決闘場はまた堅固に柵で囲まれる。東と西に門が作られた。それは高さ七フィート以上の柵を戸口とする。騎士がこれを守護した。決闘を行う者はこの門から、つまり原告側は東から、被告側は西側から決闘場に入った。柵の周りには観覧席が設けられ、裁判官である国王のために特別の席も設けられた。

決闘場はもともと円形（リング）だったが、いつのまにか四角になった。光安徹氏の研究によると、エリザベス一世の時代に起こったロー対パラマー事件の判例にも決闘場の説明がある。氏はこれを簡潔に紹介しているので、その記述をそのまま引用させてもらおう。

決闘場は、平らな地面に正方形に区画される。東西南北に沿ったそれぞれの側面は、六〇フィート（二〇ヤード）で、二重の横木で囲われていた。裁判官のために闘技場の外に高座が設けられ、ウェストミンスター・ホールのベンチと同様の備品が備え付けられ、また法廷弁護士のために柵（bar）が設けられた。そこには公衆のために段々に積まれた足場があり、裁判官の高座の後ろには闘士のためのテントがあった。ロンドンのシェリフは、決闘場の内外の地面を平らで砂利で覆われた状態に保ち、大きな石や砂はできる限り取り除くよう命令された。
（「中世イングランドにおける決闘裁判」）

これは、むろん一七世紀イングランドでの様式であって、国や地域にいろいろな違いがあったことはいうまでもない。決闘者の入場口も違う。しかし、いずれにしても、決闘場が柵で囲まれ、何者の妨害も受けないようになっているのは、ほぼ共通している。

牢に閉じ込められる原告と被告

決闘士の利用と決闘の保証が済むと、今度は、決闘を行う者が宣誓をしなければならない。ボマノワールによれば、第一次と第二次の宣誓がある。第一次では互いに相手を非難する。

「神およびすべての聖人聖女ならびにここに在る聖なる言葉よ、私をお助けください（ここで彼は手を福音書の上に置かねばならない）。私が決闘に訴えたジャンは、私が彼に対して主張したようにその悪事を行った……ことを私は誓います。私は、私の権利によってこのことを証明いたします」（『ボヴェジ慣習法書』第一八三九条）

これに対して、相手は、それを偽誓として否定し、やはり福音書の上に手を置いて同様の宣誓を行う。これを受けて、第二次の誓約が行われる。

「神およびすべての聖人聖女よ。私をお助けください。私は、ただ私の身体と今日この法廷で私が公然と示した武器のほかには、決闘する相手を決闘で傷つける手段として、いかなる詐術、詐欺を求めることも、策略、魔法および呪詛《じゅそ》を手中にすることもなかったことを誓います」（同前、第一八四〇条）

第一の宣誓が自己の正しさを神にかけて誓うものであるのに対して、第二の宣誓は決闘場において定められた武器で自分の力で戦うことを誓うものである。これは、魔力や魔法の類《たぐい》を用いないという誓いでもある。

今日ではなかなか理解できないが、決闘にあたって、相手が魔術を用いることへの不信と恐怖が広く存在していたらしい。「ロタリ王法典」第三六八章「代闘士について」も、「いままさに決闘しようとする者は、同意された武器を除いて、魔法に適う薬草やその他同様のものを身につけようとしてはならない」と命じている。ここに出てくる代闘士は、あるいはすでに決闘士かもしれない。

宣誓が終了すると、決闘が始まるが、その前にもう一つしなければならないことがある。それは、代闘士または決闘士によって決闘が行われる際に、本来の当事者をどこかに拘置することである。ボマノワールによれば、「敗者が死刑となる事件の場合、また決闘が決闘士によって行われる場合、裁判官は、原告と被告を、決闘を見ることのできない牢に閉じ込め、綱をその首のまわりにかけねばならない。決闘士が敗北した際に、その綱で敗者の側を処刑するためである。また女性であれば、その者たちに鋤が渡されねばならない。その鋤で、敗者の側を埋めるためである」（同前、第一八四一条）。

決闘のいでたち

いよいよ決闘が始まる。戦いは、一方が死ぬか降参するかまでだが、勝負が容易につかない場合、イングランドでは太陽が昇ってから星が現れるまで、とされていた。決闘すべき者が検分を受けた後に決闘場に入る。このとき、主君は三つの罰令を伝令に伝えさせた。

一　決闘者の持ち物などを携えてきた者がいれば、ただちに退くこと。
二　何人《なんぴと》も沈黙のうちに戦いを見ること。
三　どのような方法によるとしても、一方を助け、他方を害するようなことをしてはならないこと。

このどれかに違反すれば、罰金を科せられるか、長期の収監か、場合によっては身体を喪失するかの処罰を科された。

決闘する者のいでたちや武器、伝令の注意などについては、「ザクセンシュピーゲル」の中に簡潔に定めているものがあるので、少し長いが次に引用しておこう。

裁判官は、戦う者たちが適正な慣習に従って武装していることをその各々について確認するために、二人の代理人を指名しなければならない。戦う者は、望むだけ革や亜麻布を身につけることができる。頭と脚とは、その前面を露出する。両手には薄い手袋だけをつける。一振りの抜き身の剣を一方の手に持ち、好みに

「ザクセンシュピーゲル・ラント法」を説明する図

1　決闘が始まる。公平に戦わせるために、太陽が等分に分かたれている（第１巻第63条第４項）

2　決闘場に出てこない被告の家に、廷吏と２人の参審員が迎えにいく（第１巻第63条第５項）

3　三度、被告が来ない場合、原告は風に向かって二撃と一突きを行い、決闘に勝利する。図の左側の顔は風を噴き出しており、原告が向かうべき風を示している（同上）

4　現行犯を殺害し、聖遺物に懸けて６人の証人とともに死体を訴えている。親族の異議がなければ訴えは正しいとされるが、親族は決闘によってこれに対抗できた。図の刀を持った男は死者の親族で、誓っている原告（死者を訴えた男）の手を聖遺物から離している。２人の間で決闘が行われる（第１巻第64条）

よって一振り又は二振りの剣を腰におびることができる。他方の手には、木または革だけでできた一個の円形の楯を持つ。ただし楯の突起だけは鉄製でもよい。武具の上に袖なしの上衣を着る。何人《なんぴと》も決闘を妨害し得ないように、裁判官は死刑の威嚇により平和を維持しなければならない。また、決闘者の各々に、棒を携えた一人の者を付き添わせなくてはならない。彼らは、けっして決闘者の邪魔をしてはならないが、一方が倒れた場合、または一方が傷ついて棒を求めた場合に、二人の間に棒を入れる。それも、裁判官によって許可が出されたときだけで、勝手に棒を入れてはならない。(「ザクセンシュピーゲル・ラント法」第一巻第六三条第四項)

決闘場に絶対の平和が求められたのは、それが聖なる空間とされていたからである。神の前で誓約し、神の前で戦うのであるから、その戦いの純粋さを損ねるようなものがそこに入ってはならない、と考えられたのであろう。決闘前の誓約で魔術の類を用いないと誓ったのも、聖なる空間を汚してはならないとか、神の御働《みはたら》きを妨げるようなことをしてはならない、という意識の表れであった。

フェア・プレイの精神

　だが、決闘する者の装備を検分し、魔法を使わないことを誓わせたのは、戦いの神聖さを保つためだけではなく、むしろ、もっと世俗的な配慮、常識に根ざしていた。その常識とは、できるだけ同一の条件で戦うことを求める、フェア・プレイの精神である。
　実は、すぐ前に引用した「ザクセンシュピーゲル」の条文の最後はこうなっている。

　　彼らが最初に向かい合うとき、太陽は彼らに等分に分かたれねばならない。

フェアに戦うために、太陽の光を等分に分けることにまで配慮がなされていた。一方が時間に遅れることも許されない。決闘の時間に一方的に遅れるようなことがあれば、敗北つまり敗訴とされるのが普通だった。相手を焦《じ》らしたり疲れさせたりすることなど論外であろう。それはフェアではないからである。
　もっとも、フェアであることは必ずしも常に形式的で厳格な平等を意味しなかった。決闘裁判に女性が登場して戦う場合には、ハンディがつけられることがあった。一四世紀のある法は、強姦された女性が男を訴え、「決闘の許可が与えられたならば、その男を大地にへそのあたりまで埋めねばならない」と規定している。ただし、その穴は「その男が向きを変えることができる」程度でなくてはならない。男は「左手を背中で縛り、右手には戦闘用棍棒を」持つ。「女性には布でくるんだ、はかりでちょうど一ポンドの一個の石を与える」。女性は「その布を手首の関節のあたりでしっかりと巻きつけ」て戦う。「決闘の法」により、二人にはそれぞれ介添人をつける。「もし女性が勝てば、男は首をはねられる。男が勝てば、女はただ手を失うだけである」（フライジングのループレヒトの法書」〔一三二八年〕第一二七条）。

一八二ページの図は、ハンス・タルホッファーの『決闘の書』〔一四六七年〕に描かれたものである。男の左手は自由なようだが、あとは基本的にループレヒトの説明と変わらない。男女ともに（鎧の下に着る）戦闘服で戦っている。ただ、これは特定の事件を描いているのではなく、この図で決闘の指南をしようとしたものといわれている。

いずれにしても興味深いのは、男と女の場合には肉体的条件が違うのだから差をつけて戦わせ、実質的に戦いがいずれの勝利に終わるかわからない、というかたちにしていることである。ハンディをつけるなら、男と女が戦ってもフェア・プレイなのである。フェアな戦いについての、ヨーロッパの一つの伝統を見る思いがする。

勝者と敗者

決闘の結果、勝者と敗者が確定する。戦士は戦う前に誓約を行っているので、敗者は結果として偽誓したことになる。それゆえ、何度かふれてきたように、敗者への制裁はしばしば苛酷だった。重い刑事事件では、敗れた当事者は生命と財産を失うのが普通だった。罰金も高額だった。

決闘で自ら戦って敗れた証人は、その腕を失わねばならなかった。その他の証人も同じように手を失うが、その手を財貨で買い戻すことによって手の喪失を免れることができた。ランゴバルド法では、原告が敗れた場合は、その手を買い戻すことが許されたが、被告が負けると、手を失うと同時に訴訟を失い、それにふさわしい罰を受けた。

イングランドでは、決闘に一方の戦士が現れないか戦いの最中に降参した場合、戦士に対し、臆病とか臆したという意味の高額の罰金「レクリアンシー」が科された。土地訴訟の場合、原告が敗れると罰金を科され、その代闘士は法の保護を失った。また、被告の側が敗れた場合、当事者はその土地を果実および収益とともに返還し、代闘士は六〇シリングのレクリアンシーを支払い、法の保護を失った。ヘンリー・ド

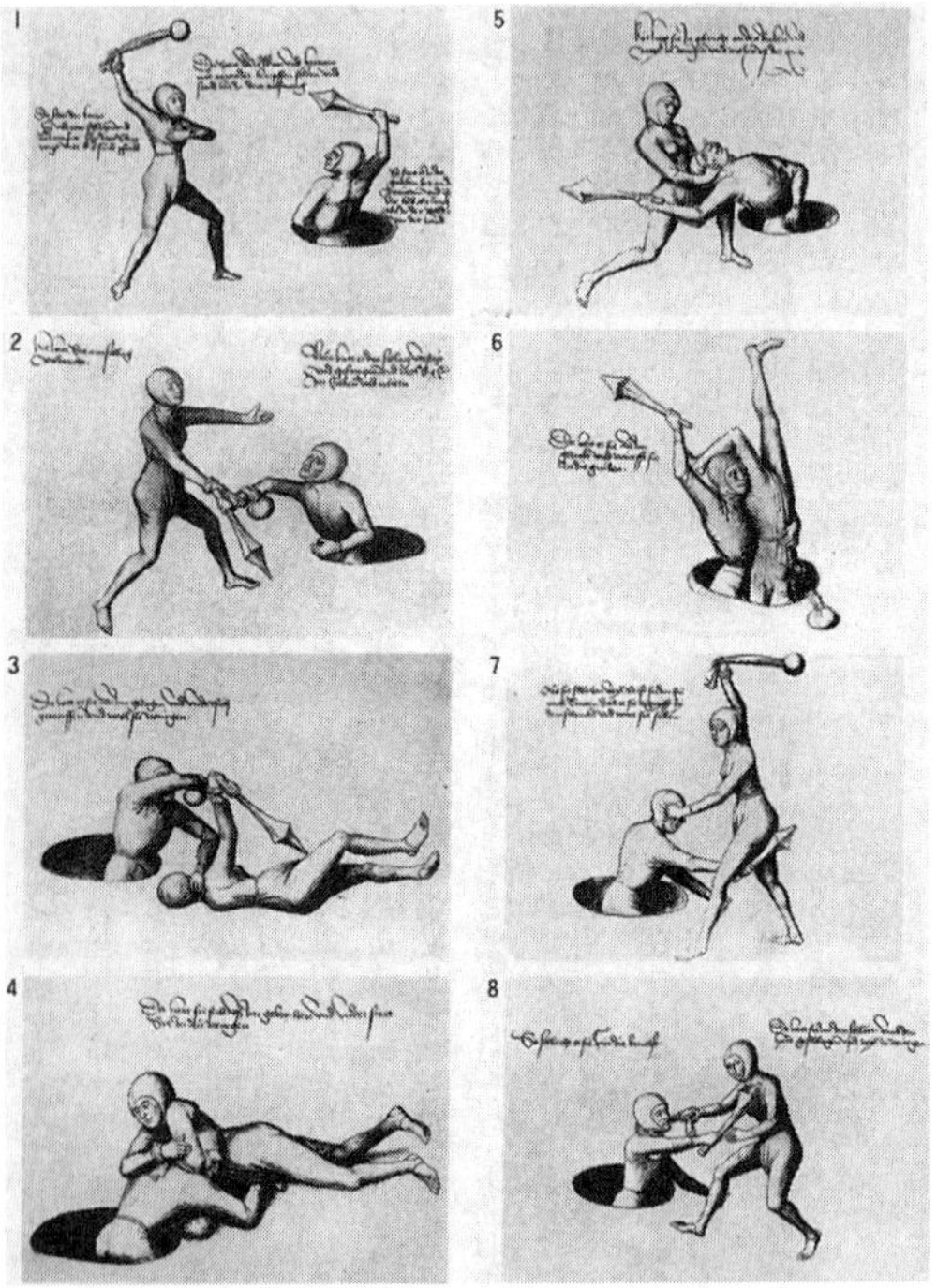

男と女の間で行われた決闘裁判を描いた図

1　男と女の決闘はこのように始まる。女は自由に動き、袋に入った４または５ポンドの１個の石で相手を殴ろうとする。男は脇腹まで穴に入り、棍棒を持っている
2　女が一撃を与えた。男は一撃を捕らえ、女を自分の方に引き寄せようとする
3　男は女を投げ倒し、首を大地に押しつけて、窒息させようとする
4　女は男から身を解き放ち、男を窒息させようとする
5　女は男の背後に回り、首を絞め、穴から引っ張りだそうとする
6　男は女を捕まえ、穴に投げ込もうとする
7　女は男を打とうとする。男は女の脚をつかんで穴に引きずり込もうとする
8　男は女の胸を打ち、女は男の首に石袋を巻きつけ窒息させようとする

ゥ・ブラクトンが伝えるところでは、一三世紀イングランドでも、刑事である重罪事件では、原告は敗れた場合、牢に収監され罰金を科された。被告は敗れれば処刑され、その相続人は廃除されたうえで全財産を没収された。当時のノルマンディにも同様の習慣があったという。

原告にも被告と同じ処分が行われることもあった。聖ルイのもとのフランスでは、両当事者はまったく同じ責任を有した。

ドイツでもさまざまな形態があった。被告だけが絞首されるか、犯罪に応じて処罰される事例もあれば、原告・被告双方がともに手を失うものもあった。フリードリヒ二世は、当事者と決闘士との間に罰の違いを認めなかったが、大逆罪などの重大な犯罪については、敗訴の場合、原告側は手を失うだけだが、被告側はともに生命を失う、とした。

このような苛酷な結果を恐れて、決闘を避けることもあった。原則として決闘裁判は保証が実行されればやめることはできないが、イングランドの土地訴訟では、裁判官の同意があれば、決闘前に取り下げることも可能だった。この同意を得るには多額の罰金《コンコード》を裁判官に提供しなければならなかった。罰金は貨幣か馬で払われた。もっとも、ノルマン王朝最後の国王スティーブンの治世下で、このコンコードのために、兄が一〇〇メジャーのワインを負担した、という記録も残っている。

和解とは何か

和解が決闘の最中に行われることもあった。このとき裁判官は二人の状態を熟視し、その状態のままに静止させなければならない。和解がならず決闘が再開されたときに、一方がひそかに最後の状態を有利に変えて戦うことがないためである。その一つの例をあげておこう。

一人の騎士と楯士がパリで国王の面前で戦ったことがある。二人は、馬に乗り、さまざまな武器を持って戦った。しばらく戦っているうちに、楯士の手綱の一本が騎士の足に絡まった。このとき、和解の話し合いが始まった。この間に騎士はひそかに轡《くつわ》から足を離し、手綱をほどき、再び足を轡の上に置いた。監視していた場内の人々は、足に再び手綱を絡ませるよう促した。騎士は不利をさとり、和解した。「このことから、それぞれの当事者が静止を呼びかけられたときの状態で決闘に復帰すべきことが知られる」(『ボヴェジ慣習法書』第一八四五条)。

イングランドでも、和解が戦いの最中に結ばれることは可能だった。それは戦いの始まった直後でも、形勢が明らかになった時点でもかまわなかった。和解のためには裁判官に支払う罰金が必要だったが、和解の内容は当事者に委ねられた。不利な方は、当然、不利なかたちで和解せざるをえなかったことであろう。だが、このような和解のかたちがあったので、イングランドでは、決闘士が死ぬまで戦うことはほとんどなかったといわれている。たとえば、一一四五年ごろに行われた決闘裁判（聖フライドワイド修道院長対エドワード）では、「二人の決闘士が戦い、エドワードの決闘士がその視力を失った後、和解がなされた」と記録されている。

注目しなければならないのは、決闘の最中においても和解が可能だったということである。私は、ここまで神判や決闘裁判のことばかり書いてきたので、まるで中世ヨーロッパの人々が神判や決闘ばかりしていたかのように感じられるかもしれない。しかし、中世の人々が通常の方法による判決に従うことは、そうまれではなかった。当事者同士で話し合い、妥協を取り交わすこともけっして少なくなかった。むしろ、そちらの方が一般的だったと思われる。

神判に服し決闘するだけでなく、裁判の内外で和解によって互いに面子《メンツ》を保ち、応分の利益を分かち合うことも、中世の人々の心情に見合うものだった。自己とその親族の利益を守り面子を保つことは、決定的に重要だった。しかも、和解は利害を守るネットワークの維持・発展のためにも有益だった。和解の後に互いに何かを贈与することで、相互の絆を新たに作りあげるか、絆を回復し強めることも珍しくなかった。私は、和解が中世ヨーロッパの中で、どのような意義を持ち、どのような役割を果たしていたか、それがその後どのようになっていったかについて、もっと研究を深める必要があると考えている。

和解が法や裁判よりも優れている、という認識さえあった。このことを的確に表現した、イングランドのヘンリー一世（在一一〇〇―三五年）の有名な法文がある。

同意は法律に、和解は判決に勝る。（「ヘンリー一世の法律」第四九章第五a条）

とはいえ、急いで指摘しておくが、決闘裁判は、本当にまれにしか行われなかった、というわけではない。イギリスの法律家M・J・ラッセルによると、たとえば、公刊されている史料によって一三世紀前半のイングランドにおける統計をとるならば、決闘に言及している事件は三七二あった。さらに一〇三の事件が保証に言及し、一二三は実際に戦った事例であった。そのうち、三八件が民事、八二件が刑事、三件が不明である。この数は少ないとはいえないであろう。

決闘裁判の中に和解の手続きがあったということは、決闘裁判がやはり紛争の解決を目的とする裁判手続きだった、ということを示している。

賢明な仕方で運用される愚かなこと

決闘裁判は、中世ヨーロッパという広い時空間の中で存在した。時期と地域によって、その内容や形式はしばしば異なっている。したがって、ここまで書き記してきたことがいつでもどこにでもそのまま当てはまる、とは残念ながらとてもいえない。だが、その基本的なあり方はほぼ理解していただけたことと思う。

ここで明らかになったように、決闘裁判は暴力的ではあるが、紛争を解決するための裁判手続きだった。もともと一般的だったのは宣誓だが、偽誓が多いので重要な案件では避けざるをえなかった。そもそも、宣誓では紛争が解決しないことが多かったのかもしれない。たとえば、サン・ジェルマンのエモワンの伝えるところによると、シルペリク一世の治世下で夫に疑いをかけられた妻が、サン・ドニの聖壇にかけて、無実を固く信じていたその親族の者たちと一緒に雪冤宣誓を行ったことがあった。ところが、これに納得できなかった夫は、彼らを偽誓者と非難した。双方の怒りは頂点に達し、戦いが始まった。その結果、神聖で由緒正しい教会は血で汚されてしまったという。親族同士の集団的な流血騒ぎよりも、一対一の決闘の方がよほど平和的である。

もう少し時代が下り、ウォルムス教会の司教ブルヒャルトが作成した「ウォルムス荘園法」（一〇二三―五年）にも、決闘裁判の規定が出てくる。これも、偽誓を避けることに力点を置いている。その第一九条では、借金を返さない者は、かつて借りていない旨の宣誓をすれば事足りたのに対し、貸主はこれに決闘を申し込むことができるとした。決闘の恐れがあれば、安易に偽誓しないと考えられたのであろう。

だが、おそらく、ブルヒャルトの場合も、偽誓への恐れは正義への思いからというよりも、騒擾《そうじょう》と無秩序への恐れからきていたのではないだろうか。というのも、ウォルムス教会の支配区域では、暴力沙汰が横行していたからである。彼自身が語っているように、毎日のように、まるで野獣同士のように殺人が起こっていた。わずか一年のうちに、とるにたりないことで「聖ペテロの僕《しもべ》」三五人がその責めなくして殺害され、しかも殺害者は、後悔するどころか、有名になり、殺人を自慢さえした。このような状況にどう対処すべきか、ブルヒャルトは真剣に思い悩み、法を作成し、隷属者については身体刑と罰金を科したが、家臣の場合には伝統的な裁判によるべきこととした。そこでは決闘裁判もまた行われた。

決闘は神判だが、暴力的世界、そういって悪ければ、実力主義の世界における独特の紛争解決法だった。暴力に走りがちな当事者またはその関係者を裁判の場で個別的に戦わせることを通じて、彼らを納得させることを目的とした。それがしばしば神判として意識されたのは、やはり時代の意識、感性のなせる業《わざ》であろう。また、神判とすることで、結果への服従を容易にする効果を持ったにちがいない。神の裁きに異を唱えることは不敬だからである。公権力が未成熟で、裁判と判決の執行を単独でまかないきれない段階にあっては、これは必要な道具立てだった。

決闘裁判は、紛争を自力で解決するための神聖で公的な一対一の戦いであった。矛盾といえば矛盾だが、明快といえば明快である。武力と暴力が跋扈《ばっこ》し、これを抑えきる公権力はいまだに生成途上であった。皇帝の権力も国王の権力も、武力で諸侯や騎士、市民を支配できなかった。紛争は自力で解決されがちであった。自力救済としての集団的実力行使のための私戦をフェーデという。大規模なフェーデが戦争であり、騎士たちはフェーデと戦争に明け暮れていた。

この集団的争いを裁判の中に閉じ込め、神聖で公的な個人戦に転化させ、自力救済を復讐の連鎖から断ちきろうとするのが決闘裁判だった。これは王権の試みであると同時に、騎士たちの願いでもあった。騎士といえども戦ってばかりいることに倦怠と恐怖を覚える者がいたとしても不思議はない。モンテスキューはいう。

戦争があり、そして、血族の一人が打合いの手袋を投げるか受けるかしたときは、戦争の権利は消滅した。当事者が裁判の通常の進行に従うことを望んだものと考えられたのである。そして、当事者の一方が戦争を継続するようなことをすれば、その当事者は損害を賠償することを判決で命ぜられたことであろう。

このように、裁判上の決闘という手続きは、それが一般的な争いを個別的な争いに変え、裁判所に力を取り戻させ、そして、もはや万民法によってしか支配されていなかった人々を公民状態に戻すことができたという利点をもっていた。

(『法の精神』第六部第二八編第二五章)

「万民法」とは国際法、「公民状態」とは国内秩序のことと考えればよいであろう。中世の騎士や領主は武力を持ち、すぐれて自立的だった。彼らを規制するのは国家法というよりも、むしろ国際法に近い「万民法」だった。その独立自尊の存在を国内法の世界に戻すにはどうすればよいか。武器を奪うことは不可能だった。とすれば、野外での戦いを裁判所で行わせるのが賢明であろう。それが決闘裁判だった。モンテスキューはこれを評価していう。

非常に愚かな仕方で処理される賢明な事柄が無数にあるように、非常に賢明な仕方で運用される愚かなことも多数ある。（同前、この部分は著者訳）

第四章　決闘裁判の終焉と自由主義

「バーミンガム・ウィークリー・マーキュリー」1885年1月24日付1面の挿絵に描かれたメアリー・アシュフォードとアブラハム・ソーントン

教会の禁令

一二一五年の第四回ラテラーノ公会議は、「熱湯もしくは冷水の証明あるいは熱鉄の証明」と「決闘」に聖職者が参加することを禁止した。神判と同様に、決闘裁判を禁止する大きな力になったのは、教会の動向だった。それどころか、現実に血を流す決闘への嫌悪感は、神判以上に大きかったといわれる。

アイルランドにキリスト教をもたらしたことで有名な聖パトリックは、彼のもとで編纂されたアイルランドの慣習法典「センクス・モール」に決闘裁判を載せることを許したが、四五六年に開催した教会会議では、聖職者に対して決闘することを禁止した。また、リヨン大司教アゴバルドゥス（七六九頃―八四〇年）は、ルートヴィヒ敬虔帝に『反グンドバッド法典論』をささげて決闘裁判を明確に批判した。彼は、『反神判論』でも有名である。バランスの公会議（八五五年）は決闘裁判を非難し、皇帝ロータル一世に決闘裁判をその全王国において禁止するように訴えた。また、その決議第一二条で、決闘の勝者を破門し、敗者を埋葬する儀式を拒絶することとした。

また、ローマ教皇ニコラウス一世は、決闘裁判を「神の法」に反するものとしてはっきりと拒絶した。

しかしながら、余は、決闘を合法的とは考えない。聖書が聖ダビデとゴリアテの話を伝えているので、そこにそのような何がしかのことがあったと読みうるかもしれないが、余は、一騎討ちが命令されたということを確認できない。むしろ、神の権威は、どこにおいてであれ一騎討ちが法律として効力をけっして持たないように定められた。なぜなら、一騎討ちおよびそれを実行しようとするものたちは、そのことで神を試すように思われるからである。（八六七年の教令）

この規定は、ブルヒャルトやシャルトルのイーヴォの教令集を経て、権威あるグラティアヌス『教令集』第二部法律事件第二、法律問題第五、法文第二二に収録されることによって、教会法上の権威を持った。

一二世紀の後半にパリ大学で活躍し知識人層に大きな影響力を持ったペトルス・カントール（?—一一九七年）もまた、神判を否定し、決闘裁判に強く反対した。彼も、「あなたの神である主を試してはならない」（「マタイによる福音書」四・7）という立場を堅持し、強調した。決闘で奇跡を期待するのであれば、なぜ老いぼれを代闘士としないのか、と彼は問いかけた。教皇ケレスティーヌス三世（在一一九一—九八年）

もまた決闘裁判を禁止し、当事者も代闘士も殺人者であり、その犯罪は教会法上のあらゆる処罰に当たる、と定めた。

こういった論理が、第四回ラテラーノ公会議に流れ込んでいったことは確かである。インノケンティウス三世は、ペトルス・カントールの講義をパリ大学で聴講していたという。ヒンクマールを別とすれば、正面きって決闘裁判を肯定した神学者や教会法学者はいなかった。神学と教会法は、水や火の神判以上に、決闘を忌み嫌ったのである。

にもかかわらず、現実には聖職者のレヴェルにおいてさえ、決闘裁判はなくならなかった。教会や修道院が、一二一五年以降も決闘士を雇って、しばしば紛争の解決に用いたことについてはすでに紹介した。決闘が忌むべきものであるという意識は、必ずしも社会の隅々にまで浸透していなかった。一四世紀にある修道士によって記された年代記に、そのことを彷彿させる興味深い話がある。

一三二五年のことであった。フランスに住む一人のユダヤ人が偽ってキリスト教徒となった。あるとき、この男はユダヤ人たちの秘密のおぞましい儀式を助けるために教会の聖餅を盗み出した。これを見て聖母マリアは怒り、一人の鍛冶屋の前に幻として現れ、あの不敬なユダヤ人と戦うように命じた。鍛冶屋は、二度三度と同じ幻を見ても動こうとしなかったが、教会に入って聖母マリアに直接出会い、その怠慢を責められた。聖母マリアは鍛冶屋の勝利を約束し、その義務を果たすように命じた。鍛冶屋はユダヤ人を訴え、決闘を申し込んだ。決闘は認められた。

その当日、ユダヤ人は、決闘の相手のまわりに何千人もの恐ろしい武器を持った戦士たちが現れるのを見て、すぐに敵の前にひざまずき、多くの罪を告白した。このユダヤ人はただちに焼かれた。多くのキリスト教徒はこれに満足した。

修道士が、聖母マリアによって決闘裁判が命じられたという記録を残しているのだから、一般の人々がこれを奇妙と考えなかったとしても、そう不思議ではないだろう。少なくとも、この年代記の作者が決闘裁判を不正な制度で反キリスト教的と思っていなかったことは確かである。

王の力と封建制

一方、世俗の権力も簡単には変わらなかった。むろん、皇帝や国王、諸侯は、第四回ラテラーノ公会議の決議に応じて、いくつかの重要な決闘禁止令を出すが、それも即時かつ全面的な禁止ではなかった。

フリードリヒ二世が決闘を禁止する法令を公布したことはすでに紹介した。皇帝は、

「通例、決闘（duellum）と呼ばれる一騎討ち《モノマキア》」が王国に暮らす「人々相互の間で永久に行われることがないように」望んだ。決闘裁判は「真の証明というよりも、自然に合致せず、共通法《ユス・コムーネ》から離れ、衡平《こうへい》の原理にも調和しない、いわば予言にすぎない」からである。共通法とは、大学などで学識化されたローマ法や教会法と考えてよい。

だが、すでに指摘したように、これも全面的な禁止ではなく、例外が定められていた。同じように重要な禁令は、偉大なフランス国王、聖ルイによっても出されている。国王は、一二六〇年の法令で自己の裁判権に帰属する地域について決闘裁判を禁止した。その法令とほぼ同一と思われる私人による法書『聖ルイ法令集』（一二七〇年）中の条文は、こう命じている。

余は、あらゆる訴訟において、余の全領土において決闘裁判を禁止する。しかして、これを除けば、さまざまな地域での実務に従って、告訴、答弁、延期や今日にいたるまで世俗の法廷で慣習とされてきた他のすべての手続きは廃止されない。決闘に代えて、余は証人または文書による証明を提示する。さらに、余は、今日にいたるまで世俗の法廷で慣習とされてきた、良く効力あるその他の証明を廃止しない。（第一巻第三条）

しかし、ここで語られている「余の全領土」とは、フランス全土ではなく、国王の直轄地をさすにすぎない。伯や国王、伯の封建臣下は独自の裁判権を持ち、そこでは決闘裁判を許す権利を依然として保持していた。つまり、この時代のフランスの裁判には二つの方法があった。一つは国王の法令に従うもので、もう一つは従来の慣行によるものである。封建領主はそのいずれかを利用する自由を持っていた。

封建制とはこのようなものであった。ついでにふれておくと、裁判収入の問題も無視できない。聖ルイが決闘裁判を禁止した法令を発布したとき、国王の支配地に所領を有していたある騎士が、法令のために収入が減ったのだから、その分を実質的に補償してほしい、と国王を訴えている。一般にフランスの決闘裁判では、裁判官（領主）は、決闘に際しては用いる馬や武具を、和解にあたっては罰金を得た。また、敗者と遅参者から多額の罰金を獲得した。重罪の敗者は封土と動産を没収され、それは彼の主君のものとなった。だから、土地と財産がすべて裁判官である領主や国王のものとなる可能性は高かった。裁判権は貴重な収入源だった。むろん、それには遠く及ばないが、このマチューという名の騎士は決闘場を管理する権限を持っており、その収益は一つの決闘につき五スーだったという。むろん、マチューにとっては残念なことに、この請求は無視された。だが、この話は、中世ヨーロッパでは、裁判による収入が重要だったことをよく示している。

決闘を嫌った都市の市民

王権と決闘裁判との関係については後で改めてふれるが、世俗の世界でもっとも早くかつ組織的に決闘裁判を排除したのは都市であろう。都市の市民は決闘を嫌い、宣誓だけでことの処理を図ろうとした。

イングランドでは、ヘンリー一世の時代である一二世紀に、ロンドンの市民が火や水の神判とともに決闘裁判を忌避する権利を得ている。それから次々にその権利が拡大していった。ロンドンのほかに、オックスフォードやウィンチェスターの特許状がその特権のモデルとなった。都市民は、宣誓によって雪冤することを許された。

大陸の方を見ると、皇帝ハインリヒ四世が、ピサの市民に対して、重罪を除いて、告訴は決闘ではなく一二名の宣誓によるべきことを一〇八一年に定めている。一一〇五年には、アミアンの市民が司教からその特権を得ている。イープルの市民は、決闘および神判からの完全な自由をフランドルのボードゥアン七世によって、一一一六年に与えられた。代わりに、彼らは四人の宣誓補助者とともに宣誓をした。

ゾーストの都市法は、市民が互いに決闘裁判に訴えることを禁止した。同様の規定は、一一八七年にフィリップ尊厳王によってトゥルネーに与えられている。フリードリヒ・バルバロッサはフランドルの諸都市に、皇帝フリードリヒ二世はニュルンベルクにその特権を与えた。その他、さまざまな例があげられる。

中世都市の研究者であるエーディト・エネンによれば、商人の法を中核とする都市法は、商取引に深く関係する債権・債務関係の紛争を処理するために、神判や決闘ではなく、宣誓による証明を採用した。実際、商人が取引上の紛争でいちいち神判や決闘に訴えていては、身が持たないであろう。ただ、これは一般に説明されてきたように、都市的精神である近代合理主義の産物とは必ずしもいえない。というのも、宣誓もまた古くからある制度で、それ自体も一種の神判だったからである。

都市は必要に迫られて、従来の方法の中からとくに宣誓で解決する方法を選んだ、と思われる。しかも、宣誓に問題のあることは古くから知られてきた。中世の市民が偽誓に対する懸念を持たなかったはずがない。だが、それでもかまわないと割りきったのであろう。もちろん、そのような意味での合理主義があった、ということはできる。しかし、それは商人としての身分的合理主義であっても、近代合理主義ではない。

高橋清徳《きよのり》氏が指摘されたように、神判、とくに決闘を裁判から排除したのは、都市市民の「市民」という「身分意識」であったように思われる。それゆえ、都市で決闘が排除されたとしても、それが神判や決闘の一般的廃絶にとって非常に大きな影響力を持ったとはいえない。

この論点との関係で、次のような話を紹介して、この項を終えることにしよう。一五六三年にトレントの公会議という重要な会議が開催された。その決議の中に、決闘を悪魔の業《わざ》と非難し、すべての権力者たちに対して決闘の適用を禁止するというものがあった。違反すれば、破門と封土の没収という制裁が下される。だが、先進的都市を抱えていたフランドルの議会は、パルマ公への回答でこの決議を留保し、統治者は決闘を命ずる権力を奪われない、と決定した。ナミュールの公会議もこれに同意したという。

ドゥ・カルーズュ対ルグリ

話を一三世紀のフランスに戻そう。決闘裁判の禁止は、聖ルイ以後も、国王のレヴェルですら揺れ動いた。一二八三年頃、フィリップ三世の時代に、パリはヴァンセンヌの森で騎士と楯士との間で、国王臨席のもとに決闘裁判が行われた。また、その次の国王であるフィリップ四世（美王）も、一二九三年には、大逆罪をめぐってアルマニャック伯とフォワのベルナールが決闘するのを認めた。一二九六年には戦時に決闘することを禁止したが、一三〇六年には決闘裁判の廃止は犯罪や非道をもたらすとの理由でこれを復活させる王令を発布した。ただ、死刑にあたる犯罪でその疑いが濃厚な被告について、他に証明手段がない場合という限定があった。

一三〇七年には、ツールーズのセネシャルに、決闘裁判のケースはパリの高等法院にすべて送致するように命令が出された。これがきっかけとなって、国王の管轄下にある裁判については、高等法院に決闘のケースが送致される慣行が生まれた。高等法院は決闘を好まなかったので決闘は行われなくなっていった。こうして、一三九六年には、シャルル六世が全王国について裁判で女性を証人とすることを許す王令を出すほどになった。女性を証人とするということは、証人への決闘の申し込みを認めない、ということを意味した。

それでも決闘はなくならなかった。一三八六年には、フロワサールの『年代記』にも記されている有名な決闘裁判が行われた。これは、この裁判に臨席するために、百年戦争でイングランド軍と戦っていたフランス国王シャルル六世がパリに戻り、原告の介添人にエドワード黒太子の義理の息子、サン・ポル伯ワレランがなったほどの大事件であった。決闘したのはジャン・ドゥ・カルーズュという騎士とジャック・ルグリであった。

事件は、ジャンの妻がある人物に襲われ、犯されたことに始まる。妻は隣人のルグリが犯人と考え、夫にそう伝えた。夫はルグリを訴えたが何の証拠もなく、ついに決闘裁判ということになった。決闘当日、妻は黒い喪服を着て火刑台の上に立ち、二人の戦いを見ていた。夫は病気で弱っていた。もし力だけで勝負がつき夫が敗れるならば、夫は生きていても絞首され恥辱のうちに死ぬ。自分は姦通のかどで火あぶりにされるだろう。大勢の観衆の前で戦いが始まった。衰弱していたジャンは傷を負い、敵に追い詰められていった。あわや最後の一撃というとき、ジャンの剣がルグリの体を貫いた。ジャンが勝ったのである。こうして、妻と夫の名誉と生命は保たれたという。

できすぎた話のようだが、これは本当にあったことである。ほかにもこの決闘にふれている歴史書がいくつもある。ところが、それらによると、この事件には後日談がある。ジュヴェナールの『シャルル六世史』では、その後、真犯人が死の床で真実を伝えたために、ルグリが無実であることが判明した。またサン・ドニの匿名氏の手になる同名の作品によれば、夫人は無実の者を殺してしまったことを深く悔やみ、その後の人生を修道院で過ごしたという。これがきっかけとなったか否かはわからないが、これ以後、パリでは決闘裁判は行われなかった。

フランス最後の決闘裁判

各地でその後も決闘裁判は続いた。それでも、一六世紀の半ばまでにはほぼ終焉し、ついに一五四九年に行われた決闘裁判がフランス最後のそれとなった。

一五四九年、ジャック・ドゥ・フォンテーヌとクロード・デ・ゲールという二人の貴族が決闘することになった。フォンテーヌがゲールを非難、告発したからである。アンリ二世はこの案件をフランスのマーシャルでセダン公ロベール・ドゥ・ラ・マルクに委ね、その領地で裁判を行わせることにした。当日、決闘場は多数の観衆で埋まった。

フォンテーヌは勝利を確信していたので、絞首台が建てられるまで決闘場に入ろうとはしなかった。彼の一方的な考えでは、敗れた相手がそこで絞首され焼かれるはずであった。彼らの武器は刃の広い刀だった。その一刀はたちまち相手に傷を負わせたが、ゲールは刀で戦うのは不利とみて、相手に接近して組み打ちに持ち込もうとした。このとき、人々で一杯だった見物席が崩れおち、悲鳴がこだました。この混乱に乗じて、ゲールの味方は法を犯して沈黙を破り、砂で相手の目をつぶすように叫んだ。ゲールはこれを実行し、フォンテーヌは敗れた。

ゲールはルールに反したことを理由に絞首されることを自ら望んだが、セダン公が割って入り、双方が和解するように命じ、裁判は終わった。このことを記した記録によれば、フォンテーヌはかつての大言のために不名誉にも決闘場から放り出されたが、ゲールはトランペットとともに勝利の行進をしたという。

フランスでは、これが最後の決闘裁判となった。一五六六年にはシャルル九世が決闘禁止令を出しているが、これはあくまで私的決闘の禁止だった。一般的にいえば、ヨーロッパの様式化された現在イメージされるような決闘は、決闘裁判の後に登場する。アメリカの出版人で歴史家のH・C・リーの言葉を借りると、一六世紀後半のフランスでは、決闘裁判は「自然死」していた。いまさらその禁止令を出すまでもないほどであったという。裁判は、証拠と文書に基づいて行われるようになっていた。判決に対する異議があっても、それは、決闘ではなく、上級裁判所への控訴というかたちで実現可能だった。世俗的で公権的な裁判制度が前進し、きわめて自力救済的要素の強い決闘裁判は後退した。

だが、シャルル九世の勅令が暗示しているように、決闘裁判は、ある意味では、私的決闘に転化するという仕方で生き残った。というのも、この二つのものの間には、ある共通の重要な構成要素があるからである。それは、「名誉」の強い感情だった。

だが、名誉については後でまたふれることにしよう。

決闘裁判がもっとも長く残ったイングランド

一一世紀以前のイングランドには決闘裁判がなかったといわれる。決闘裁判を持ち込んだのは、ノルマン・コンクェスト(一〇六六年)のウィリアム征服王であった。

征服王は、イングランド人とノルマン人との間に「平和と安全」を保つための法令を発布し、その第六条で、フランス人がイングランド人を偽誓または殺人の疑いで召喚した場合、そのイングランド人は「熱鉄神判」または「決闘裁判」のいずれかによって自分を守ることができる、と規定した。逆に、イングランド人がフランス人を訴えた場合、イングランド人が判決または決闘裁判を望まなければ、フランス人は宣誓によって自身を雪冤しなければならない、とも規定した。つまり、決闘裁判を行うか否かの選択権はイングランド人にあった。これは、決闘裁判を知らなかったイングランド人に対するウィリアム征服王の配慮であろうといわれている。さらに、これ以前のイングランドで決闘裁判が行われていたという記録は何もない。

だが、少なくともその後、決闘裁判はイングランドで広く用いられるようになった。それどころか、制度という観点からみると、決闘裁判がもっとも長く生命を保ったのは、実はイングランドにおいてであった。そして、決闘裁判の精神をもっともよく伝えたのもイングランドである。私は、しばらくの間、このイングランドにおける決闘裁判の最後の過程を追うことにしよう。そのうえで、決闘裁判とはヨーロッパにとって何だったのか、あるいは何たりうるのか、ということを明らかにしたいと思う。なぜなら、イングランドにおける決闘裁判の消滅の過程は、その「何だったのか」をおのずから明らかにしてくれるからである。

イングランドにおける決闘裁判は、大きく土地訴訟に関わるものと重罪に関わるものに分かれた。土地をめぐる訴訟は、通例、権利令状、つまり国王の発行する、領主裁判所への裁判命令に始まる。この民事訴訟が決闘か大アサイズによって行われた、ということは、すでに述べた。この大アサイズは、ウェストミンスターの国王裁判所に当事者の近隣に住む一二名の騎士を証人として呼び、その証言に基づいて判決を下すというもので、より合理的だった。一三世紀以降になると、裁判官の方が地方を巡回するようになり、この巡回陪審裁判としてのアサイズ裁判が一般化し、権利令状の審理はそこで行われるのが普通となり、決闘はまれになっていった。

土地をめぐる裁判で最後に実際に決闘が実行されたのは、「デネウェント対カントロー事件」といわれる。それは一三〇〇年頃のことであった。

エリザベス一世時代の決闘裁判

だが、権利令状の場合でも、決闘の選択は禁止されたわけではなかったので、実行にまでいたらなくても、なお決闘裁判を選択しようとする者は、少数だが跡を絶たなかった。なかでも有名なのは、エリザベス一世の時代におきた「ロー対パラマー事件」である。

一五七一年、土地の二重譲渡をめぐる争いで、被告のパラマーが決闘を選択した。パラマーの決闘士が手袋を投げ捨て、原告の決闘士がそれを拾ったことで、決闘が確定した。場所は、ロンドンのトットヒルフィールズであった。三五〇年以上もの間、ここがロンドンの決闘場だった。この地が選ばれたのは、ウェストミンスターの法廷に近かったからである。

一五七一年六月一八日、決闘は行われた。被告の決闘士はジョージ・ソーンといい、大きくて強そうな人物だった。原告の決闘士はヘンリー・ネイラーといい、細身で背もあまり高くないが、剣の達人だった。鼓笛隊が彼の先導をした。ネイラーは、剣を立て、その先には、「挑戦」の際に用いられた手袋が刺してあった。

裁判官が席につき、二人もそれぞれ北と南に位置した。二人は決闘士のいでたちをしていた。赤いサンダルをはき、革の鎧をつけ、素足で、頭を剃っていた。武器は、角のついた一エル(四五インチ)の棒だった。楯は固い革で二重に巻かれていた。

ソーンは南、ネイラーは北に立った。平和と沈黙が命じられた。二人の決闘士は宣誓した。「裁判官殿、お聞きあれ。私は今日、何も食べなければ飲んでもいない。私は、骨も、石も、ガラスも持っていない。また、聖書の力を弱め、悪魔の力を強めるような、いかなる魔法、妖術も魔術も身に帯びていない。……神とその聖人よ、我を助けたまえ。聖書に誓って」。

ここで戦いが始まるはずだった。ところが、実は前日に、エリザベス女王の働きかけで和解が成立していた。決闘場でのふるまいは、被告を納得させ、見学にやってきていたおおぜいの観衆を満足させるためのものだった。その観衆の数は四〇〇〇人にものぼった。

和解がすでに調《ととの》っていたので、被告本人は決闘場に来ていなかった。裁判官は原告の勝訴を告げ、原告の決闘士ネイラーに手袋を返すように命じた。ネイラーは、いかなる命令にも従うが、被告の決闘士ソーンが勝たない限り、手袋を返さないと主張し、裁判官と観衆を楽しませるために簡単な手合わせをしたいとソーンに挑戦した。だが、ソーンは試合をしにきたのであって、遊びにきたのではない、といって断った。

裁判官はネイラーの勇気をたたえ、二人に静かに決闘場を立ち去るように命じた。同じく観衆に対しても、家に帰るように命令が出された。人々は「女王万歳」と叫びながら家路についたという。

共犯者告発人

刑事事件の方を見てみよう。イングランドでは、刑事事件であっても、大逆罪と殺人、強盗、夜盗、強姦などの死刑をともなう重罪（フェロニー）について、訴訟は私人が行った。大逆罪は市民であれば誰でも訴えることができたし、重罪であれば被害者またはその親族が訴訟を提起した。原告は、その証明を自身の「身体」、つまり決闘で行うのが本則だった。被告は神判、後に陪審裁判を選ぶこともできた。

この私訴の中に、共犯者告発人という奇妙な制度が混じっていた。それは、重罪を犯した犯人が犯行を自白し、その刑罰の軽減と引き換えに共犯者を訴え、彼らと決闘し、それに勝って共犯者の犯罪を証明できた場合に、退国宣誓を行ってイングランドを立ち去ることができる、というものであった。ブラクトンによれば、この決闘は五回に及ばねばならなかった。もっとも、訴えられた者は陪審に判断を委ねることができたし、実際に五度にわたって決闘で勝利した場合でも約束が守られず、告発人が絞首されることも珍しくなかったという。

　これはまさに毒をもって毒を制する制度だが、告発人は共犯者を示したうえ、彼らと戦ってその犯罪を証明するので、「国王の証人」とされた。一日に一ペニーないし一ペニー半の手当が支給され、決闘場では楯や武器が与えられた。

　国王は、何年間にもわたって牢屋に多数の共犯者告発人を抱えていた。現存する記録でも、共犯者告発人がしばしば登場する。このことから、ニールセンは、適当な私訴者がいない場合、権力は彼に告発させたのではないか、と推定している。いかに名誉の感情や親族の絆が強かったとしても、原告が決闘して敗れると、罰金を科され、誣告《ぶこく》の罪で収監された。とすれば、誰しも強そうな相手を訴えるのに躊躇するであろう。また、親族のいない被害者もいたことであろう。そう考えると、この推測はあたっているように思える。さもなければ、日当まで払って悪人を養いつづけることなど誰がするだろうか。

　最盛期には告発人の告訴が頻繁に行われたので、それを扱う特別の判事が任命された。一二二二年には、ニューカッスルで告発人の決闘を行うために、またヨークに収監されていた告発人たちに対処するために、それぞれ四人の裁判官が任命されている。もっとも、ロンドンで戦うためにシティにあたる場所にあったニューゲイト監獄まで、多数の告発人と被告人が運ばれなければならなかったというから大変である。

一四―一五世紀になると決闘が行われることは本当にまれになった。共犯者告発人に対する不信は根強く、その悪意の証明によって告発が退けられた。陪審は、告発人によって行われた告訴で、被告人に有罪判決を下すことを嫌った。ほとんどの場合、被告人は無罪とされ、共犯者告発人が絞首された。加藤哲実氏が指摘しているように、裁判所の主宰者であるシェリフが富裕な者から保釈金を得るために彼らを悪用したことなどもあって、この制度に対する不信は増大していった。

ホワイトホーン対フィッシャー

このような状況の中で、共犯者告発人のおそらく最後の決闘裁判が起こった。一四五六年、ホワイトホーンとフィッシャーの決闘裁判である。当然ともいえるが、これは、騎士同士のページェントといった格好のよさはまったくない。決闘裁判が現実には醜悪ともいえる戦闘になったことは容易に想像がつくが、これなどはその典型であった。

ホワイトホーンは窃盗犯で、ウィンチェスターで収監されていた。彼は、死刑を免れるために次々に共犯者を告発した。告発された何人かは絞首された。「この偽りの不実な掠奪者は」三年間にわたって一日に一ペンス半をもらい、誤った訴えをしつづけた。ついに、漁師で仕立屋のトマス・フィッシャーが、ホワイトホーンの訴えに決闘で応えることにした。

二人は白い羊の革で全身を覆い、トネリコの木でできた三フィートの棒を渡された。棒の先端には鋭くとがった鉄製の、羊の角のような武具がつけられていた。裁判官は、決闘に先立って、ホワイトホーンが負けた場合には牢に再び収監されること、フィッシャーは勝ったとしても相手を殺害すれば、「国王の証人」を殺害したかどで絞首され、キリスト教徒として埋葬されないこと、つまり自殺者と同様に埋葬されず野外に放置されることを伝えた。しかし、フィッシャーはひるまなかった。

決闘場はウィンチェスターの近くに設営された。観衆は「トム、ホワイトホーンを縛り首にしろ」と叫んでいた。その中を、ホワイトホーンは東から、フィッシャーは南西から入場した。フィッシャーが神に祈るのを聞いて、ホワイトホーンはこれを嘲《あざけ》った。フィッシャーはホワイトホーンに討ちかかった。だが、武器はその一撃で壊れてしまった。役人が間に入り、ホワイトホーンに一撃だけ武器を使うことを許し、その後取り上げた。

武器をなくした二人は、龍のように互いに歯で相手を引き裂いた。革の衣服は破れ、肉が飛び散った。

ホワイトホーンはフィッシャーを大地に放り投げた。だが、フィッシャーは膝をついて立ち上がり、相手の鼻に噛《か》みつき、さらに指を相手の目に突っ込むことに成功した。ホワイトホーンは泣き叫び、慈悲を求めた。裁判官は戦いをやめさせた。ホワイトホーンは、これまでの告訴がすべて虚偽であることを認めた。

裁判官はこの告白を受けて刑を宣告した。ニールセンの紹介する当時の記録によると「彼は懺悔《ざんげ》させられ、絞首された。神はその魂に慈悲を与えられた」。一方、フィッシャーは殺されず解放されたが、世捨て人となり、人知れず死んでいったという。

この戦いは、私訴の際の、身体障害を理由とする、決闘の免除規定を想起させる。手足や指の切断、盲目に加えて、決闘し得ない条件として、歯の喪失があった。門歯の欠如はこの意味での身体障害にはならないが、臼歯は該当した。ブラクトンの有名な説明によれば、臼歯は決闘の勝利に寄与するからである。

それはそれとして、共犯者告発人だけでなく他のすべての方式を含めて、イングランドで決闘裁判が実行に移され実際に戦われたのは、これが最後だった。

陪審制の誕生

共犯者告発人制度は、重罪私訴という私人の告訴権を前提とした。被告は決闘か神判によって自己の無実を証明できたが、前にも示したように、一二一九年に神判が全イングランドで禁止されたので、それ以降は、決闘か陪審の選択となった。

陪審は、私訴に代わる一種の公訴であった。ヘンリー二世は一一六六年、有名な「クラレンドン法」を公布して、公訴とでもいうべき「正式起訴」の手続きを次のように定めた。

第一条　上述ヘンリー王［ヘンリー二世］は、まず、平和を維持し正義を守るために、彼のすべてのバロンの助言により次のことを布告した。審問は、あらゆる州、あらゆる百戸村を通して、百戸村のすぐれて適法な人々の中の一二人と、あらゆる村区のすぐれて適法な人々の中の四人とにより、彼らの百戸村もしくは村区において、ヘンリー王の即位の後、強盗犯、殺人犯、窃盗犯、もしくは強盗犯、殺人犯、窃盗犯の蔵匿者《ぞうとく》として告訴されるか、そう公表されている者がいるか否かについて、真実を語るという宣誓のうえでなされねばならない。裁判官および州長官は、彼らの面前で審問しなければならない。（「クラレンドン法」第一条）

これは、近代の大陪審（被告人を起訴するか否かを決定する陪審、このあとに審理によって有罪か無罪かを決める小陪審が行われる）の前身で、告発陪審と呼ばれる。ここでは、被害者ではなく近隣の一二名の「すぐれて適法な人々」が犯罪者を告訴する。近隣の適法な人々は真実を知っていると考えられたからである。告発された者は、「捕えられ、冷水神判に向かい、……五シリング以上の価値に及ぶ、強盗犯、殺人犯、窃盗犯またはそのような者たちの蔵匿者ではないことを宣誓」（第二条）しなければならない。この法によって、被告人は陪審によって起訴され、神判によって無実を証明せねばならないこととなった。

ところが、一二一五年のラテラーノ公会議の決議を受けて、イングランド国王は神判を国内で行うことを禁止したために、このシステムがうまく機能しないことになった。ヘンリー三世は一二一九年の令状で、巡回裁判官に対し、「強盗、謀殺、放火、その他同様の犯罪によって訴追された者」をどのように裁くべきかについて、火審および水審が「ローマ教会」によって禁止されて以来、審理の方法が「不確か」であることを認め、「いまのところ」重い犯罪については拘禁を続け、中位の犯罪については国を追放するように、と指示した。

この指令は、重罪については判断を留保している。拘禁を続けるのは審理を待つためであって、刑罰ではないからである。そこで、神判に代わるものとして案出されたのが、陪審による判決だった。これは、近隣の一二人の人々に審問させ、彼らに結論を出させる、というもので、被告人の有罪・無罪を決定した。これを判決陪審という。現代の小陪審の前身である。

この判決陪審の登場によって、神判や決闘に代わって陪審だけで判決を出すことが可能になった。これは小山貞夫氏によると、「立法によらずに、おそらく裁判官の努力の積み重ねで」短期間のうちに発達し、一三世紀後半には「通常の審理方法」として確立した(『絶対王政期イングランド法制史抄説』)。刑事裁判制度が、今日へと大幅に前進したといってよいであろう。

とはいえ、判決陪審の出現によって、すべての刑事事件が正式起訴を経て陪審に委ねられるようになったわけではない。というのも、当時、原告であれ被告であれ、本人が陪審で審理されることを認めないときに、なお陪審裁判を実行するのは完全に不正だという強い法感情があったからである。イギリスの偉大な法制史家メイトランドはいう。

一二名の宣誓証人（一三世紀の陪審員は証人であった……）の宣誓だけでは、もし万が一本当に自らの運命をこの試練に委ねることを自らの意思でしなかった場合には、有罪と決めるには充分でない。超自然的手段により、すなわち神判とか裁判上の決闘といった訴訟手続の一つにより、その無罪を証明することが許されるべきである。近隣の人々がたとえ敵対していても、神は味方をすることもありうる。（小山貞夫訳『イングランド憲法史』）

したがって、たとえ正式に起訴されても、陪審審理を拒否すれば審理に付されることはなかった。だが、その場合、被告人は収監されつづけた。責め具と飢えで殺されることもあった。それでも、陪審による審理を拒みつづけるなら、審理はけっしてなされてはならない。それは、被告人の権利を奪うことだったからである。

こうして、イングランドでは、一一六六年以降、刑事訴追に関しては、私訴と陪審の二つの方法が並存することになった。

謀殺私訴

陪審裁判は、その起源においては全イングランド人が誇るにたる素晴らしい民主的な制度で、その利用は生得の権利であるとは必ずしもみなされていなかった。むしろ、それは公権的裁判に近く、国王権力も慎重にその拡大を試みたものであった。被告からみると、あるいは原告からみても、神判か決闘に賭ける可能性があることこそ自由の証だった。少なくとも、神判や決闘裁判にそのような側面があることは否定できないであろう。

私訴の場合、すでに述べたように、決闘か陪審かを選択することができた。むろん、実際に決闘ということになると危険が大きいから、原告であれ被告であれ、陪審に審理を委ねたいと考えたとしても何の不思議もない。そちらの方が多いからこそ、陪審裁判が一般化していったのであろう。だが、原理としていえば、自ら戦う可能性を残すことが自由の保障であるという考えがあっても、それはそれで少しも奇妙ではない。事実、イングランドおよびイギリスにおいて、重罪私訴は、正式起訴とともに一九世紀初頭まで残存した。正式起訴が私訴の権利を侵害することは、建て前としては認められなかった。

M・J・ラッセルによると、私訴は本来ただちに提起されねばならなかったが、一二七八年には、念入りに準備された殺人、つまり謀殺に関する私訴は、犯罪の後いくつかの条件を満たせば、一年と一日以内に実行されればよいことになった。正式起訴は、その期間の経過を待たねばならなかった。一四八七年から、殺人事件が増加したために正式起訴がいつでも提起でき、一年と一日の経過を必要としないことになったが、私訴者のありうることに鑑《かんが》みて、起訴された被告人は一年と一日収監されるか、保証金によって保釈されることになっていた。その間に私訴があれば、私訴が優先した。

謀殺私訴は、被害者が死んでいるから、当然、その相続人、兄弟か息子、父または召使によって提起された。その妻が訴えることもできた。「マグナカルタ」第五四条が「何人《なんぴと》も、殺人に関する婦人の私訴によって逮捕または監禁されてはならない。ただし、その夫に関する場合は例外とする」と規定しているのも、私訴が決闘に及ぶ可能性を考慮して女性の私訴を認めず、とくに夫の場合を例外としたものである。

実際、謀殺私訴がほとんどなくなった一八世紀に、エリザベス・スミスという未亡人が夫の殺害者であるジョン・テイラーを謀殺私訴で訴えようとした例がある。テイラーは陪審の評決を受けて、激情などによる殺人で謀殺よりも軽いとされる故殺《こさつ》のかどで手に焼き鏝《ごて》をあてるように判決され、ただちに執行された。しかし、その直後にエリザベスが謀殺私訴に及び、獄吏が彼を拘禁した。一七七一年二月、その私訴をめぐって公判が開かれた。被告人側は故殺だったことを主張し、判決もすでに執行されたことを強調した。私訴者側は、判決前に、私訴を行っていたと主張した。

裁判所は、全員一致でテイラーを支持した。なお、この前年にケネディ事件という謀殺私訴に関する裁判があり、スタンリー法務長官はこれを「ゴート的慣習」として廃絶するための法案を提出する準備をしたが、実現していなかった。理由は不明だが、強い反対が予想されたためであろう。事実、反対が強いことはすぐに判明することになる。

ボストン茶会事件

テイラー対エリザベス事件の二年後、これと比較にならないほど重大な政治的事件がイギリスの植民地アメリカで起きた。一七七三年四月、イギリスは東インド会社に対し、植民地への茶の独占的輸出権や輸出税の免除などを定めた茶法を制定した。植民地の人々はこれに鋭く反発し、ついに同年の一二月、マサチューセッツのボストンで東インド会社の船を襲撃し、積荷の茶を海中に投げ捨てた。いわゆるボストン茶会事件である。

イギリス政府は、ボストンとマサチューセッツに厳しく対処することにした。一七七四年三月から五月にかけて、「強圧的諸法」と呼ばれる一連の懲罰的法律が可決された。その中に「マサチューセッツ司法行政法」がある。これはボストン港閉鎖法、マサチューセッツ統治法とともに、植民地に対する本国統治を強化することを目指したものであるが、かえって反発を招き、アメリカに独立戦争をもたらすことになった。

だが、この司法行政法は、簡単に議会を通過したわけではない。その原案の中には、謀殺私訴の権利を植民地の人々から奪う条項があり、これをめぐって激論が戦わされることになったからである。

ダニングが反対意見の口火を切った。謀殺私訴は「憲法の重要な柱である」。たしかに、これは「野蛮とゴート主義の名残り」かもしれない。だが、イングランドの憲法全体が「ゴート的」である。このゴート的憲法を破壊し、それに代えて「マカロニの憲法」を採用せんとするのが政府の考えであろう。これは、「内閣専制主義の制度」である。このシステムは、やがてイギリスにおいても採用されることになろう。「将来、これは危険なものとなるかもしれない。ゆえに、私はこれに異議を唱えたい」と。

法務次長のウェッダーバーンは反論した。憲法のこの部分はけっして本質的なものではなく、神判といちじるしく結びついているにすぎない。現在、決闘裁判を妨げる法はない。庶民院の法廷がトットヒルフィールズで決闘を裁いたのは、そう昔ではない。女性は、死者の妻以外は、訴えることもできない。これは、一定の金額で妥協できるし、民事訴訟に変えることもできる。「私は、（これによって）この国の自由が危険にさらされるとはまったく考えない」と。

法務長官のスタンリーも同じくこう訴えた。「一人の人間が同じ犯罪について二度審理されねばならないのは耐えがたいことだ、と私は考える……。刑法は人間の生命を救うために作られたのであって、生命を破壊するためではない」。

だが、反論は続いた。論客エドマンド・バークは、謀殺私訴が「国の法の一部であり、これを分離すべきではない」と主張した。「さもなければ、イギリスにおける法の根に斧を打ちつけることになろう。強姦や窃盗に関する私訴があるのなら、謀殺私訴も維持されねばならない」。

艦長フィップスは、謀殺私訴を「神聖」な制度、「国の法」であると強調し、ブラックストーン（一八世紀イギリスのもっとも偉大な法律家）の学説に依拠した見解には従いがたい、と言い切った。同様の主張は、モートンによっても行われた。

廃止の反対者にとって、謀殺私訴は「イングランド憲法が国王大権に対抗するための最強の障害」であり、ホウルト卿がかつて述べたように、「イギリス人のもっとも高貴な、生得の権利」だった。私訴による有罪については、国王に恩赦の権限がないと考えられていたからである。それゆえ、彼らの多くは、この権利をイギリスにおいてあくまで擁護すべきであり、その観点からアメリカ植民地の臣民もこれを享受しなければならない、と主張した。二つの国の臣民はともに国王とコモンローによって支配されており、いまアメリカからこの権利を奪えば、イギリスでも奪われるのは必至であろう。彼らはそう判断した。

強硬な反対を前にして、政府はこの条項を法案から削除せざるをえなかった。謀殺私訴とそれにともなう決闘裁判は、一八世紀になって、なお「国の法」として生き残った。

タイバーン荘の悲劇

一八一七年五月二七日火曜日の朝のことである。バーミンガムに住む一人の労働者が、郊外の仕事場に向かって歩いていた。その途中に野原があり、そこには小さな池があった。その池の近くで、彼は奇妙なものを発見した。ボンネットと女物の靴である。しかも、その靴は血にまみれていた。あたりを見回すと、近くの草にも血が飛び散っていた。彼は、殺人があったと直感し、人を呼びに駆け出した。

野原には二人の人間の足跡があった。男の足跡と女の足跡だった。二つの足跡は続いており、一方が他方を追跡したものと思われた。女の足跡は池のあたりで途絶え、男の足跡はバーミンガムの方に戻っていた。捜索の結果、池の中から女性の遺体が発見された。女性は暴行され、それから殺害されたものと推定された。メアリー・アシュフォードという二〇歳の女性であることがすぐに判明した。犯人と思われる人物もただちに明らかになった。アブラハム・ソーントンという二五歳の煉瓦《れんが》職人だった。

その前日、バーミンガム市街のタイバーン荘という小さなホテルでダンスパーティーが開かれていたが、その中に、女友だちのハンナと参加したメアリーがいた。メアリーと繰り返し踊ったのがソーントンだった。二人はここで初めて知り合ったのだが、遅くまで踊りつづけた。深夜近くになって、メアリーとハンナは、ソーントンたちと家路についた。メアリーはソーントンと一緒だったが、ハンナたちはいつのまにか二人と離れ離れになり、先に家に帰ってしまった。メアリーはその後、ハンナの家に戻り、着替えをした。おそらく朝の四時三〇分か四〇分頃だったという。その間一五分ほどで、彼女はすぐに帰宅した。

メアリーが死体となって発見されたのはその日の朝だった。ソーントンは、その二七日の午前一〇時に逮捕された。

事件は、八月八、九日に、ウォリック州巡回裁判で正式起訴により審理された。起訴状は、二つの訴因（起訴の理由）からなっていた。

アシュフォード対ソーントン事件

訴因の一は、五月二七日、ウォリック州サットン・コールドフィールドのマナーで、ソーントンが、「神の御前《みまえ》で神を恐れることなく、悪魔の誘惑に誘われて、メアリー・アシュフォードを池に投げ込み、故意に彼女を殺害したこと」である。もう一つは、「強姦および重罪」であった。ソーントンは「無罪」と答弁した。

ソーントンは、バーミンガムへの帰途知り合いに出会っていた。一一人が弁護側証人だったが、彼らはその会った時間を証言した。

このような証言は、国王側、被告人側双方の弁護士（イギリスには検事はおらず、法廷弁護士が依頼を受けてその役割を果たしていた）によって引き出されていた。最後に、裁判官は陪審員に次のように説示した。ソーントンはメアリーと一緒にいたこと、彼女と親しくなったこと、性行為に及んだことさえ認めている。メアリーの死体が検死されたのは午前一〇時三〇分だった。その時点で、死体はまだ冷たくなっていなかった。そのことからすると、犯行は朝遅くのことと推定される。医学的証明によると、いくつかの外観は自然的原因による。ハンナの家を去った後のメアリーについては、誰も彼女を見ていない。一方、ソーントンは多くの人々と会っている。メアリーがハンナの家を出た時間とソーントンが人々の目にとまった時間とから推察すると、ソーントンが彼女を殺害し現場を立ち去ったとすることには無理がある、と。

ホルロイド判事のこのような説示の後、陪審員は協議に入った。その時間はわずか六分である。評決は「無罪」だった。

世論は沸騰した。人々はメアリーの不幸を悲しみ、ソーントンを犯人と決めつけていた。イギリス全土の新聞がこの事件を報道し、論議した。この事件は、二度にわたって脚本化された。事件をめぐる著作も出版された。人々は裁判に憤激し、失望した。

手袋を拾うか

死んだメアリーには兄がいた。ウィリアム・アシュフォードという。ウィリアムは、ある弁護士にメアリーの相続人として謀殺私訴を行うように勧められた。彼は、この勧めに従い私訴に及んだ。私訴はただちに受理され、ソーントンは再び逮捕された。

一八一七年一一月六日、事件の審理が王座裁判所判事エレンバラ卿を主席裁判官とする四名の判事のもとで開始された。ソーントンの弁護士は、抗弁を考えるための時間を要請した。要請は認められ、次回の開廷日は一一月一七日とされた。

その日の朝から、法廷の外は傍聴希望者で一杯だった。法廷も立錐の余地もないほどだった。裁判所の書記官が前回の申し立ての記録をソーントンに対して読み上げ、こう結んだ。「あなたは、あなたが私訴にさらされている、上述の重罪および殺人について有罪か」。

弁護士のリーダーはそのとき、ソーントンに一枚の紙切れを渡した。ソーントンはそれを受け取って、こう読み上げた。

無実である。私は、この抗弁を私の身体によって弁護する用意がある。

弁護士のリーダーは、彼のかばんの奥からそっと手袋を取り出し、ソーントンに手渡した。ソーントンは一つを手にはめ、一つを法廷の床に投げ捨てた。もし挑戦を受けるならば、ウィリアムはこれを拾わねばならなかった。

だが、彼は拾わなかった。決闘を行うか否かの判断は、法廷に委ねられることになった。

一八一八年四月一六日、エレンバラ卿を含む四人の裁判官がそれぞれ決闘裁判を認めるか否かに関する判断を示した。驚くべきことに、全員が認めざるをえないという判断を示した。エレンバラ卿は多数の権威や判例を引き合いに出して、殺人私訴の場合には決闘は被告人の権利であり、たとえ不快であるとしても、決闘裁判は「通常かつ合憲の審理方式」であると断言し、こう続けた。「われわれは現にある法を運用するのであって、そうあってほしいという法を伝えているのではない」。

原告側は考えるための猶予を求めた。次の開廷日は、翌週の月曜日の四月二〇日とされた。その四月二〇日、朝からおおぜいの人々が国王裁判所に詰めかけていた。人々は、法廷が最終的に判決を下し、決闘を命じるのではないかと期待していた。だが、被告人側弁護人は、決闘か被告人の自由かの選択を私訴人に尋ねるように訴え、呼ばれたウィリアム・アシュフォードは被告人を自由にすることについて異議を唱えなかった。彼は虚弱で、屈強なソーントンにとうてい勝てそうもなかった。原告側弁護士は、「被告人が放免され、無期限に自由であることに同意する」ことを明らかにした。

エレンバラ卿は、先の陪審裁判の結果をふまえてソーントンに形式的に国王訴訟に関して無罪答弁をさせたうえで、こう判決を下した。「被告人はこの私訴から放免される。被告人は保釈保証金なしに出て行くことが許される」と。被告人ソーントンは法廷に一礼して、退出した。ソーントンはその後アメリカに渡り、二度とイギリスに戻らなかったという。

決闘裁判の公式かつ法的な廃止

こうして、一九世紀初頭のイギリスで人々の大きな関心を引いた「アシュフォード対ソーントン事件」は、私訴人が決闘を避けるために私訴を取り下げるというかたちで終結した。この事件は人々に衝撃を与え、決闘裁判を法律で廃止すべきであるという意見が強まっていった。

「アシュフォード対ソーントン事件」が結審した一八一八年の翌一八一九年三月二二日、庶民院は、決闘裁判を廃止する法律を賛成六四、反対二の圧倒的多数で可決した。同年六月二二日、国王ジョージ三世の裁可により正式の法律として効力を得た。これは一般に謀殺私訴法と呼ばれるが、廃絶したのはそれだけではない。決闘裁判に関わるすべての制度がここで正式に廃止された。その内容は次の通りである。

謀殺、大逆罪、重罪その他の犯罪に関する私訴並びにそのもとで進行する方法は過酷なものと考えられてきた。また、そのすべての訴訟において決闘裁判は用いられるのにふさわしくない訴訟形式である。決闘裁判は全面的に廃止されるのが適切である。それゆえ、……次のことを定める。この法律が可決された後は、大逆罪、謀殺、重罪に関する私訴はすべて終了し、消滅し、無効となる。さらに、この法律の通過後は、いかなる時、いかなる人または人々であっても、どのような人または人々に対しても、反逆罪等の私訴を開始すること、つまり私訴を受けるか起こすことは違法であり、いまから、かかるすべての私訴は、たとえいかなる法、法律、慣習があるとしても、明白に廃止されねばならない……。(「謀殺、大逆罪、重罪またはその他の犯罪に関する私訴および決闘裁判を廃止する法律、あるいは権利令状において決闘によって争点を決定し審理することを廃止する法律」一八一九年六月二二日)

この法律で、法律の表題にあるように、私法上の決闘裁判、つまり土地に関わる権利令状による決闘も、正式に廃止された。

この謀殺私訴法によって、ヨーロッパにおける決闘裁判は完全に消滅した。

決闘裁判はなぜ存在したのか

最近の研究では、決闘裁判が現実に実行されたのは、その全盛期においてもそれほど多くはなかったといわれている。だが、たとえそうだったとしても、それが中世ヨーロッパの裁判において正式な方法と認知されていたのは、疑う余地がない。決闘裁判は、多くの法典や法書、文学作品に繰り返し現れてきた。イギリスにおいては、いま見てきたように、一九世紀の初頭においてなお、正規の裁判がそれを有効な法的制度と認め、実行に移すように判決する姿勢を明らかにしたほどである。

では、一見すると不合理としか思えない決闘裁判が、なぜこれほど確固とした制度として存在しえたのであろうか。決闘裁判は不純とはいえ神判であるから、第二章で神判について示したことは、ほぼそのまま当てはまる。つまり、聖俗未分離の下での自己中心的世界認識の蔓延《まんえん》と集権的権力の不存在だった。神が真実を見、個々の出来事についても正義を実現してくれるという人々の共通感覚があって、はじめて神の前での戦いが成立しうるから、自己中心的世界認識が決闘裁判の前提にあった、と考えることは妥当であろう。

また、集権的権力の不存在も重要である。決闘裁判は、中世ヨーロッパの権力分散的な国制（政治・組織構造）にみあう裁判制度だった。先に述べたように、ピーター・ブラウンは、権威の弱い世界における共同体の一致を回復するための儀式、と神判をとらえていた。これは、決闘裁判についてもある程度あてはまると考えてよい。

しかし、決闘裁判の場合には、権力分散ということの意味が他の神判とはかなり異なる。前章の最後に記したように、決闘裁判は暴力を禁圧しえない国王権力のもとで実行された、さまざまな集団的実力行使を公的な裁判という回路へと向ける手段、という意味を持ったからである。

繰り返すが、中世ヨーロッパにおいては、中央権力がなお弱体で、とくに領主や騎士相互あるいは騎士と都市との間のフェーデが合法的行為として横行していた。中世の人々は、問題を解決するためにただちに武器を手にした。とりわけ、封建社会の支配者である騎士にとって、戦うことはその生の一部であった。社会学者ノルベルト・エリアスが言うように、「殺人や掠奪は騎士の社会的職務のひとつであり、かれらが誇りとしていた騎士としての身分的特性に不可欠であった。死の軽視が騎士にとって、生きるための必要条件であった。騎士は戦わねばならなかった。その社会の構造と緊張状態が、それを避けることのできない法則にしていた」（赤井他訳『文明化の過程』）。

市民も農民も、今日よりもはるかに頻繁に武器を手にとった。都市や村落共同体も自己の生存と名誉を懸けて戦った。都市のギルドとは、まず何よりも同職者たちの生命と安全を守るためのものであった。フェーデという実力行使は、中世初期のみならず、盛期から後期にかけてもなおさかんに行われた。このような状況を脱して、その当時の仕方で平和を求めたのが決闘裁判だった。

1490年、チューリヒ、ルツェルン、シュヴィーツ、グラールスの4邦は、都市ザンクトガレンに敵対し、フェーデを宣告した。これは城門に向かう4人の使者を描いたもの。4人はそれぞれ、木ばさみに宣戦を布告するフェーデ通告状をはさんでいる。シリング『スイス年代記』(16世紀)より

ブラウンが共同体の平和回復というとき、それは多分に小さな、そもそも平和なコミュニティのことだった。神判による問題解決という彼の図式も、多分に共同体主義的なものだった。だが、決闘は、騎士や領主相互、市民やときには農民の武力行使を、広い空間ではなく決闘場という狭い空間で一対一で行わせる。それは、共同体主義的というよりも、むしろ個人主義的だった。戦争を集団で行い大量の血を流すよりも、一対一の争いで少量の血を流す方がより平和的なのはたしかである。

しかも、裁判は、権力者が主宰するから、公権的秩序に人々が従うことへと道は続いていた。やがて、公権力（中央権力）は、自身の充実とともに決闘裁判を禁止し、廃絶する。その意味で、決闘裁判は、たしかに奇妙で愚かしいが、中世社会においてはきわめて賢明な方法だった。

自由と名誉の精神

しかし、決闘裁判が存在した理由はこれだけではない。歴史的にみると、中央権力が弱く聖俗未分離の社会というのは、いたるところにあった。また、いまだにあるといってもよいだろう。それゆえ、火や水の神判は現代にいたるまでさまざまな地域に見出される。ところが、決闘裁判は、ごく一部の小規模な例を除けば、ほとんどヨーロッパにしか見られない。それはなぜだろうか。

権力の分散の仕方が特異で、そこに独自の精神あるいは共通感情が発達したためだ、と私は考えている。ヨーロッパの中世社会にあっては、多数の独立した自由人や中小の権力者、いわば中間権力が存在した。彼らは、最高権力と相対的にしか違わない経済力と武力を持ち、すぐれて自立的だった。また、自立的であるがゆえに、皇帝や国王も、契約に基づいて彼らと相互的な協力関係を形成し、維持しなければならなかった。

この相互的援助関係のネットワークが、封建制だった。これは、さまざまな段階で結ばれ、それこそ社会の隅々にまで及んだ。このような関係性は、中世日本を別とすれば、やはり他の地域には見られないヨーロッパ独自のものだった。この土壌のうえに、権力に頼らない自力救済の精神、自立と固く結びついた名誉を重んずる気風、自己責任に裏打ちされた自由主義が成立・発展していった。このようなことは、日本にもある程度は認められるとはいえ、基本的には中世ヨーロッパに特徴的なものと考えてよいであろう。

モンテスキューは、決闘という一対一の戦いが、名誉を重んずる気風に合致するものであることをこう伝えている。

一対一の決闘による証明は経験に基づいたある理由をもっていた。もっぱら戦士的であった国民においては、臆病はその他の悪徳を予想させる。それは、人々が自分の受けた教育に反抗したこと、名誉に敏感でなく、他の人間を支配した諸原理によって指導されもしなかったことを証明する。……少しでも生れが良ければ、力と結びつくべき技巧についても、勇気と協同すべき力についても、他人の尊敬を重んずることに欠けることは概してないであろう。なぜなら、名誉を重んじれば、名誉を得るために欠くことのできない事柄を生涯かけて修練するであろうからである。さらに、力、勇気および手柄が尊敬される戦士的な国民においては、真に憎むべき犯罪は、狡猾、奸策《かんさく》そして詭計《きけい》、つまり、臆病から生れる犯罪なのである。(『法の精神』第六部第二八編第一七章)

モンテスキューは啓蒙主義者で、三権分立とくに司法権の独立の主張者として名高い。彼は、名誉という言葉を好んだ。名誉は、彼の考えでは、専制国家の原理ともっとも敵対的だからである。専制国家にあっては、個々人に名誉も誇りもない。また、あってはならない。あるのは専制君主の放縦《ほうじゅう》と気まぐれ、そして人々の恐怖だけである。

名誉がどうして専制君主のもとで容認されるであろうか。それは生命を軽んずることをもって誇りとする。そして、専制君主は生命を奪いうるという理由によってのみ力をもつにすぎない。どうして名誉が専制君主を容認できるであろうか。名誉は遵守される規則と抑制される気紛れとをもっている。専制君主はなんの規則ももたず、その気紛れは他のすべての気紛れを破壊する。(『法の精神』第一部第三編第八章)

モンテスキューは、『法の精神』で決闘裁判について詳しく論及した。歴史的にいえば、それが公権的裁判への一つの通過点にすぎないことを彼は知っていた。だが、それだけではない。

モンテスキューにとって、名誉が抑制と均衡からなる望ましい政体、君主制を動かす原動力であった。この場合の君主制は、専制君主と対立するから、立憲君主制とほぼ同義であろう。だから、決闘裁判は論及に値する。決闘裁判の精神は、名誉だった、それは、人の自由と自立と誇りを認める君主制の原理そのものだった。名誉を重んずる者は、自己の名誉を犯す者に対して自らを賭して戦う。たとえ相手が君主であっても戦うであろう。名誉は、それゆえ専制君主と敵対する。モンテスキューが好んだ所以《ゆえん》である。

モンテスキューの精神は、イギリスの自由主義に通じている。彼の有名な三権分立論は「イギリスの国制について」と題された第一一編第六章で語られている。イギリスの自由主義者たちが謀殺私訴の権利をアメリカ人から奪おうとする試みに強く反対したことが思い起こされるであろう。彼らにとって、決闘裁判は自由と名誉の証であった。

名誉は権利と不可分である

ドイツ中世史研究に画期をなしたとされるオットー・ブルンナーによれば、ヨーロッパ中世においては、名誉は権利と不可分の関係にあった。物であれ身体であれ、また名声であれ、われとわが身に属するものへの侵害は自己の権利を侵すものであり、それを甘受することは不名誉極まりないことであった。侵害された者の「名誉が報復を要求した。報復がフェーデや法廷における訴訟の目的だった」。「不正に耐え復讐を断念することは、名誉の喪失を意味した」(『ラントとヘルシャフト』)。

自身と親族の権利は、自らの力で守らねばならない。彼らにとってそれが名誉であり、正義だった。中世キリスト教世界では、その正義と真実に関する神の判断は一致した。だが、決闘によって証明される正義は、キリスト教の神が登場する以前からあった。教会による禁止の後も存続した。

決闘裁判は、なによりも自力救済である。それは神と結びつくが、神の介入を不可欠とはしない。それゆえ、決闘裁判は、神の介入を求めることが禁止された後も、生き延びることができた。それは、自力救済と権利と名誉を保障した。権利と名誉を自ら守りうること、それが正義だった。結果は後からついてくる。

これは、戦士的資質を持つ者たちに特有の信念である。戦うことによって自己の正しさ、権利を明らかにするという方式は、もともとキリスト教とは無関係に存在した。火や水の神判とも異質だった。

ここで「プロローグ」で扱った『ローエングリン』にもう一度戻ってみよう。ワーグナーの『ローエングリン』における決闘裁判は、明らかにキリスト教的だが、その原典は必ずしもキリスト教的ではない。その典拠であるコンラート・フォン・ヴュルツブルクの『白鳥の騎士』には、きらびやかな決闘裁判の描写があるが、そこには「神の裁判」という言葉は出てこない。「神の裁判」という言葉は、『白鳥の騎士』に登場するカール大王（『ローエングリン』ではハインリヒ一世）によっても、決闘によって自身の主張を通そうとしたザハセン公（『ローエングリン』ではフリードリヒ）によっても語られていない。むしろ、そこに見られるのは、決闘そのものに高い価値をおき、正しいから勝つというよりも、勝ったから正しいという認識と、解決を他者にまかせようとしない自力救済の精神である。ザハセン公は次のように主張している。

ブラーバントの君たる権利は、しかと拙者に属するもの。されば、拙者は力のかぎり、この国を保護し戦いまする。何者であれ、拙者に帰属致したる国に指を触れんとするならば、その者は直ちにこの場にて、仮借なき剣の戦いをもて、拙者から権利を奪い取り、拙者を敗走させねばならぬ。……争いには、容赦なき決闘により、即刻、決着をつけるべし。……ブラーバントが拙者のものでないなどと、誓いを立てて申す者とは、拙者はただちに闘って、時を移さず、そやつの手を斬って落としてご覧にいれる。……己が権利の主張に際し、証書、文書を盾にするなど、拙者は断じて好まぬわ。平らな羊皮に字を書くときは、勝手気儘《きまま》を書くものぞ。さようなものを相手にしては、拙者は裸にされてしまうわ。されば高貴の公妃殿は、直ちに剣士を立てられよ。その者と拙者はここに闘い、決闘の結果の如何に、ことの決着を委ねようぞ。闘い勝った者こそが、われらの争いのもととはなった、ブラーバントと呼ばるる国を、正当に継ぐと致そうぞ。（平尾浩三訳「白鳥の騎士」『コンラート作品選』）

自己の権利と正義をあくまで自己の力によって守り貫徹せんとする強烈な意志と確信がここに鮮明に現れている。一三世紀の一作家にとって、これが決闘裁判の本質であった。

権利のための闘争

ワーグナーはキリスト教世界と異教世界との対立を暗示するために神判を登場させた。だが、その神判は、火や水の神判ではなく、決闘裁判だった。権利と自己主張のために当事者が武器をとって争う決闘裁判だった。これは適切な選択だった。ブラバントの支配権をめぐる争いを素材とした『ローエングリン』の世界に、火や水の神判は似つかわしくない。それはまた、ワーグナーの理想とする騎士的行動様式、民族と国民の美意識にも合致しない。騎士とは、言葉ではなく、身体で戦うものだった。

自己の正当な利益のために名誉と生命を懸けて戦うことは、ワーグナーだけでなく、一九世紀の観客にとっても自然で望ましい方法だった。一九世紀ドイツの市民と国民もまた、自己と国家の権利のために戦うことを名誉あることとする確信を抱いていた。ドイツの法律家イェーリングが一九世紀後半に著した名著『権利のための闘争』は、その共通の確信、確固とした法観念の学問的表現である。

しかし、いうまでもなく、権利のための闘争はドイツに固有のものではない。それどころか、イェーリングは、少額をめぐるイギリス人の訴訟を権利のための行動として称賛し、ドイツ人もそれを見習うように勧めている。それは、イギリスやアメリカなどにも共通にみられる、あるいはより強い程度においてみられるものである。だが、強い権利意識とそのための戦いは、欧米諸国の近代性のうちに起源を持つとは必ずしもいえない。権利と名誉とを同一視し、そのために財産のみならず、生命と身体を賭してまで戦う苛烈さは、むしろ中世ヨーロッパにおいてはなはだしい。

決闘裁判は、その苛烈さを法廷において表現するものだった。だから、決闘裁判を神判とのみ考えるのは適当ではない。火や水の神判は、判定をただ神に委ね、神の正義にすべてを委ねる。もちろん、これも一種の戦いである。だが、主体は神と水または火である。そこでは、人は受動的に結果を待つにすぎない。その判定を、実際にはコミュニティが下すこともあっただろう。

しかし、決闘裁判は違う。決闘にあっては、当事者または代闘士が同じ条件のもとに戦う。なるほど、結果は神の判決とみなされたかもしれない。だが、人はその結果を能動的に獲得することができる。重要なことは、その一点にあった。自己の生命や財産、その権利は、あくまで自己の力で守るべきものであった。火や水の神判が一般的には非自由人や戦いえない者に適用されたのに対し、決闘が名誉ある自由人、騎士階層の人々のものであったのは、そのためである。むろん、決闘を好んだ者たちであっても、決闘にあたっては神の加護を期待しただろう。しかし、神の裁きに受動的に身を委ねることは、彼らの好むところではなかった。得心するには自ら戦わねばならなかった。神の裁きはその後追いにすぎず、極論すれば、いわばスポーツの審判でしかない。

火や水の神判よりも決闘裁判が長く生命を保ちえたのも、自力救済の精神がその核心にあったからである。一八世紀や一九世紀のイギリスで決闘裁判を支持した人々は、それをもはや神判とは考えていなかった。それは、イギリス憲法と個人の自由とを守る法制度だった。権利と自由は、権力によって与えられるものではなく、自ら守り勝ち取るべきものだったのである。

エピローグ　正義と裁判

アメリカと中世ヨーロッパ

アメリカのプリマスにイングランドの移民が出発したのは、一六二〇年のことである。イングランドではまだ決闘裁判が生きていた時代といってよい。

一般にアメリカは自然法の国で、契約の国、そして民主主義と個人主義の国といわれる。そのどれもまちがっていないが、アメリカの民主主義や個人主義は多分に中世ヨーロッパの伝統を引き継いでいる。アメリカの人々は、絶対主義を知らない民《たみ》であり、その限りで市民の自由と自力救済のシステムを中世的世界から直線的に発展させ、可能な限り公権力に頼らず、むしろそれを制御する制度と精神を築き上げていった。

たとえば、アメリカ合衆国憲法修正第二条は「人民の武器を保蔵しまた武装する権利は、これを侵してはならない」(高木八尺訳)と規定しているが、この権利は自然権というだけでなく、中世ヨーロッパにおける、人の名誉の源泉である武装権の流れを汲んでいる。阿部謹也氏は、「絶対王政を経過した西欧諸国と違ってアメリカでは今でも市民の武装権を認めている」と指摘し、その一つの理由を「いまだ血縁者の復讐が絶えていなかった西欧封建社会の慣行に基づく」、「殖民時代の移住者たちが西欧から持込んだ法意識」のうちに認めている。それどころか、ヴァージニアの人権宣言などで高らかに謳《うた》われた個人の権利も、「西欧封建社会において育まれたものとみることもできる」(「アジールの思想」『中世の星の下で』)という。

私もまた、アメリカにおける「市民の武装権」も「個人の権利」も、ヨーロッパ中世における自力救済の思想に根ざしている、と考える。それどころか、自力救済と自己責任の精神と制度は、イングランドからアメリカに引き継がれ、ある面でさらに強化されたように思われる。これは裁判制度についてもいえる。陪審制がイングランド以上に強く機能しているのは、やはり同輩による裁判をあくまで維持・発展させようとした法意識に由来するであろう。

また、アメリカの裁判を特徴づける当事者主義にもそれを見ることができる。当事者主義とは、原告と被告、検察官と被告人または弁護士が、直接、平等な敵対者として対峙《たいじ》して争い、裁判官は両者の戦いをフェアに進行させ、結果を厳《おごそ》かに宣告するというものである。この方法が、中世ヨーロッパの裁判のあり方、とくに決闘裁判と著しく似ているということは、これまでの記述からほぼ明らかであろう。

実は、いかにも現代的な法制度や法感覚を代表するアメリカにおいてこそ、ヨーロッパ中世の「基層」が強力な磁場となり、強い磁力を放射しているのではないか。私はそう考えている。その意味で、私は「エピローグ」の舞台をあえてアメリカに置くことにした。話が飛躍するようだが、私にとって、これは自然な流れである。

裁判国事主義

『取引の社会』（佐藤欣子著、中公新書）という、たいへん面白く優《すぐ》れた日米法文化論がある。この本は、アメリカの刑事司法の実態と特質を鋭く描き出し、私たちに、日本では思いもよらない、アメリカ刑事司法の制度と運営のあり方を伝えてくれる。表題の「取引」とは、アメリカの刑事裁判における「司法取引」のことで、被告人が有罪答弁をするのと引きかえに刑の減免を得ることである。アメリカの刑事裁判の大部分はこの司法取引で処理されると聞けば、大方の日本人は仰天するだろう。だが、それは事実である。司法取引に関する宇川春彦検事の比較的最近の研究によると、「アメリカの刑事手続きにおいては、事件のほぼ九割が有罪答弁によって終了しており、しかもその多くが何らかの取引の結果である」（「司法取引を考える」一）という。

さて、佐藤氏によると、日米の違いは、とくにその「第三話　歴史の中の法原理」で「日本型実体的真実主義とアメリカ型当事者主義」という副題のもとに記されている。この話は決闘裁判の歴史的評価と深く関わってくるので紹介してみよう。

実体的真実主義とは、日本の刑事裁判における基本概念の一つで、一般的には裁判のもとで犯罪に関する真実の究明を図ろうとする立場ということができる。これは、佐藤氏によれば、日本に強くみられる「裁判国事主義」つまり、「裁判は何よりもまず国事、つまり第一に直接国家に関係する事柄である」とする立場によって、日本の刑事司法の核心をなしている。事件の真実は何か、誰が真犯人でその動機等は何かを明らかにすることが裁判および裁判官の任務であり、それは裁判を管理運営する国の義務であり、国民もまた実体的真実の解明を裁判に期待している、というのがこの考えである。ここでは、真実を明らかにし、処罰すべきを処罰し、救うべきを救うのが正義であり、この正義を実現するのが国家司法の目的とされる。したがって、国の役人である裁判官は、正義を実現するために積極的に訴訟を指揮し、真実の解明に努めなければならない。

ところが、当事者主義はそれとは違う。事件の真実よりも、原告・被告あるいは検察官・被告人という裁判の具体的当事者の勝ち負けをフェア・プレイに基づいて決定することに主眼が置かれる。ここでは、自己の利益と権利のためにフェアに戦うことが正義である。裁判はあくまで、争っている当事者のために存在する「個人的事項」にすぎず、双方の主張に基づいていずれが正しいかを決めるのが目的である。事件の真実はその限りで問題になるが、両当事者が納得すれば、事件の真相にいっさいふれることなく判決が出されても一向にかまわない。刑事裁判の被告人がたとえ無実でも、重い刑の可能性を考えて軽い刑を選択して司法当局との取引のうえで「有罪答弁」すれば、その事実が裁判における「真実」として確定する。日本ではそれは不正である。だが、アメリカではそれは不正ではない。当事者が主体的に選択したことだからである。

アメリカの裁判官は、したがって、真実を解明するための努力を自ら払う必要は必ずしもなく、フェアな環境のもとに両当事者に十分に主張させることに意を用い、そのいずれの主張に説得力があるのかを判断すればよい。あるいは、陪審員に説示して判断させればよい。裁判は、争う「私」のためにあるからである。

当事者主義とは何か

むろん、日本でも、新憲法の精神を汲んだ現行の刑事訴訟法のもとでは、当事者主義は重要な柱となっている。この刑事訴訟法のもとでは、被告人は単なる取り調べの客体ではなく、検察官と対等な立場で訴訟を遂行し、裁判官は中立的な審判として登場する。その限りで、被告人の人権はおおいに保障され、戦後日本の民主化に貢献した。このことは強調されてよいであろう。

しかし、佐藤氏の見解では、このような当事者主義も、日本においては、被告人の人権を保障するだけでなく、「『実体的真実主義に奉仕するために』、かつその限度で」日本型刑事司法に組み入れられたにすぎない。なぜなら、当事者主義は、「当事者双方の積極的活動により、実体的真実の発見を目指し訴訟の促進を実現しようとする」ところにその本来の意義がある、と理解されてきたからである。

これは少し断定し過ぎのような気もする。たしかに実体的真実主義と当事者主義との調和ということは多くの刑事訴訟法学者も認めているが、当事者主義における真実発見の意義を認める者でも、必ずしも真実発見を優先しているわけではないからである。たとえば、もっとも代表的な刑事訴訟法のある教科書では、当事者主義は、「被告人を一人の人格ないし主体として取り扱うこと」、「これに刑罰を加えるためには、主体というにふさわしい行動をとる余地を与え自己を弁明する機会を与えなければならないということ」（平野龍一『刑事訴訟法概説』）を意味する。

それゆえ、当事者主義は、双方が対等に争うために、とくに国家の側に法的手続きを守ることを要請する「適正手続」と不可分の関係にあるとされる。違法な逮捕や証拠収集は、たとえ真実はどうであれ、訴えた側に敗北をもたらす。当事者主義は、なによりも人権を守るための制度にほかならない。

このような理解や立場は、基本的には正しいといってよいだろう。だが、アメリカ型当事者主義には別の側面もある。それは、当事者が、弁護士という代理人を使うとはいえ、自ら全責任を負って戦うということである。アメリカ民事訴訟の研究者、小林秀之氏によれば、「アメリカの当事者主義は、当事者間の対立に重点が置かれ、弁護士が訴訟における依頼者のための戦士としてあらゆる手段を尽くし、全力をあげて相手方と闘うことを強調する概念」(『アメリカ民事訴訟法』)である。

それゆえ、法の適正手続が求められるのは、双方にフェアな戦い、攻撃・防御を十分に行わせるためである。この場合、勝敗の行方は、真実とは別に、当事者の力量によって左右されることもある。それでよい、というのが当事者主義の本場アメリカの一般的な考え方であろう。むろん、アメリカでも、真実の発見に当事者主義の重要な意義を認めるのが普通だが、真実発見は必ずしもその第一の目的ではない。当事者の利益や権利を守り、勝ち取ることこそ最重要で、それは真実発見に優先する。現代アメリカの代表的な訴訟法学者であるジェフリー・ハザードがいうように、「当事者主義の真の価値」は、「真実への貢献」というよりも、むしろ「個人的自律の理想への貢献」である。

裁判官あるいは陪審員は単なる審判にすぎない。裁判官に、双方の証拠提出技術、弁論の巧拙に左右されず、真実の発見と正義の実現を期待するのは、当事者主義の本来の趣旨を越える。アメリカにおける裁判は、基本的には私人間の紛争を平和的に解決するための公共的サービスにほかならず、公の正義を実現することを第一義とする厳粛な空間ではない。

シンプソン裁判

当事者の攻撃・防御の空間としての裁判は、『取引の社会』でも多数紹介されているが、近年、その例を凌駕するような事例が出現した。シンプソン裁判である。

アメリカンフットボールのスーパースター、黒人のO・J・シンプソンが、離婚した白人の妻ニコルとその男友だちゴールドマンを殺害した容疑で逮捕されたのは、一九九四年六月一六日のことであった。シンプソンは同日の警察の出頭命令に従わず、車で逃走した。この逃走の様子をテレビが中継した。結局、シンプソンは逮捕されたが、この劇的な逮捕騒動は、人々の関心をいやがうえにも高めることになった。

シンプソンのこの逃亡劇は、彼の有罪を強く推定させるものだった。さらに、殺害現場から血まみれの手袋が発見され、DNA鑑定の結果、シンプソンと被害者二人の血であることが証明された。また、シンプソンは妻に繰り返し家庭内暴力をふるっていたことも明らかになった。状況はどう考えてもシンプソンに不利だった。

だが、シンプソンはひるまなかった。莫大な弁護費用を準備して、「ドリーム・チーム」と自称した、黒人弁護士コクランを主任とする優秀な弁護団を結成した。これに対して、女性検事クラークを代表とする検事団はかなり見劣りがするといわれた。事実、検察側は、弁護団の巧みな法廷技術の前に有利な状況をことごとく否定されていくことになる。

状況は不利でも、「ドリーム・チーム」のおかげでシンプソンが裁判に勝つチャンスはあった。人々の関心はますます高まっていった。たしかに、宮本倫好《のりよし》氏によれば、「シンプソン事件は、話題性という点では、アメリカで今世紀後半の最大の裁判」だった。被告人が黒人の有名人で資産を持ち、被害者が別れた白人の妻で家庭内暴力があったこと、また「ロス市警の人種差別主義と無能力など、アメリカ社会の持つホットな争点を網羅」していた。さらに被告人が「真っ向から容疑を否定するという対決の面白さ、謎解きの興味深さもある。それでいて、結局陪審員の世界観、人生観で裁判の帰趨《きすう》が決まる可能性があるという、まれにみる政治的、社会的、文化的一大ページェントの様相を呈していた」(『世紀の評決』)。

このようなページェントを可能にしたのが、アメリカ型当事者主義であった。それは、シンプソンの司法取引をも含む、検察側と弁護側の虚々実々の駆け引き、当事者による証拠の提出、正面からの論争、陪審員への印象をよくするためのレトリックやしぐさ、演技など、まさにドラマを生み出す源であった。これは、検事側と弁護側との総力戦だった。そして、勝ったのは「ドリーム・チーム」だった。

一九九五年一〇月二日、ロサンゼルス郡上級裁判所で、陪審団は「無罪」の評決を出し、裁判長がそれを読み上げた。もし有罪の評決が出ていれば、黒人暴動が起きていたかもしれない。弁護側は、争点を巧みに捜査陣の人種差別とそれに起因する証拠の捏造という論点へと向けることに成功していた。

むろん、検事側の上訴もありえない。陪審裁判の場合、検事側は上訴できないことになっている。われわれであれば、事件の真相を知りたいと考える。だが、アメリカでは、真実は裁判におけるもっとも重要な要素ではない。もっとも重要なのは、裁判の当事者がフェアに戦い、勝敗に自ら積極的に関与することである。シンプソン側も検事側も全力で戦った。裁判官もフェアな戦いが行われるように万全を尽くした。陪審員は弁論という戦いのすべてを見た。そして評決した。裁判長はそれに従って判決を下した。

その判決は、真実からかけ離れていたかもしれない。だが、あえていえば、アメリカではフェアな裁判で出された結論こそ「真実」にほかならない。よい意味でも悪い意味でも、それが裁判上の「真実」である。

私戦の代用としての裁判

アメリカは新しい国である。だが、アメリカの建国者たちはイングランドから移民した人々が中心で、考え方や制度の多くがイングランドと同じである。ヨーロッパ大陸では神判や決闘裁判に代わって公権力が優位に立つ糾問訴訟（裁判官と訴追者が一体化して、被告人を逮捕・処罰する裁判）がローマ法とともに発達していたころ、イングランドとアメリカでは、中世以来の発展のうちに、当事者が訴訟の中心に立つ方式があくまで維持・発展させられていた。

裁判とは私的なものであり、あくまで当事者間の戦いであった。決闘裁判はその尖鋭な表現だった。二〇世紀のアメリカにおいても本質は変わらない。裁判の「神話」

を暴露したリアリズム法学の祖とされる、アメリカの著名な法学者ジェローム・フランクも、「訴訟とは戦い（fights）である」と断定している。

訴訟とは法廷で行われる合法的戦闘である。それは歴史的には（そして現代においても）拳銃や剣による私的な戦いの代用品である。ナイフや拳銃を使って相手にこちらの望むことをさせるかわりに、いまでは相手を殺さない武器、つまり説得という道具を用いて……裁判所で戦うのである。（『裁かれる裁判所』）

フランクが「歴史的」というのは、むろんアメリカの「歴史」に限らない。彼は国家が法と裁判をほぼ全面的に管理する近代世界以前の、ヨーロッパの人々の法観念とその行動のあり方を念頭においていた。フランクによれば、古代的社会においては、ある者が他人によって不法をはたらかれ、復讐かその財産の返還を望むときには、「自力救済」に訴える。彼は、相手側をめがけて攻撃する。この戦いは不法ではない。それは、「法的な権利」のための戦いだからである。この戦いはいくつかの集団にまで広がり、加害者その人に限定されない。戦いは集団全体を含みこむ「乱闘」＝フェーデとなった。

むろん、フェーデを避け裁判に訴えることも可能だった。だが、この裁判ですら、一つの戦いだった。ドイツの歴史家オットー・ブルンナーによれば、裁判もまた本来は闘争だった。それは、「宣誓によるにせよ、決闘裁判におけるにせよ、両当事者の裁判所のもとでの闘争」だった。「貴族は、フェーデ権と同様に、裁判所のもとでの「決闘権」をも長いこと保持しつづけた。裁判所の判決は、いずれの側に法(権利)があるかを伝えるものにすぎない。判決を執行するのは、勝訴した側の仕事だった」(『ラントとヘルシャフト』)。

フランクもまた言う。「法に訴えるということは、われわれが権利と呼ぶものを獲得する手段として私戦を放棄するということである」。とはいえ、その放棄はけっして戦いの放棄を意味しない。「「法に訴えるということ」、つまり争いを裁判所の決定に委ねるということは、私戦の代用である。公務員によって行使される力……は私的暴力の代理である」(同前)。

当事者主義の原風景

当事者主義に基づく裁判がフェーデの代用であるとすれば、決闘裁判はまさにその具体的な形態あるいは象徴といってよいであろう。事実、決闘裁判と当事者主義(による裁判）とのつながりをはっきりと指摘する学者もいる。ハザード教授もその一人である。

当事者主義は、イングランド・アメリカ的法伝統に深い根を持っている。その先行者はノルマン人の決闘裁判だとしばしば言われる。この決闘裁判のもとで、疑わしい争点が決闘の結果によって解決された。（『法実務における倫理』）

もっとも、ハザードはこう付け加えることを忘れていない。「たぶん、より関連があるのは、当事者主義の主な要素である、証拠提出権と弁護士の援助を受ける権利が、一七世紀イギリスの絶対主義に対する法的統御として発達した、ということである。こうして、当事者主義は裁判の理論であるだけでなく、アメリカにおける政治的自由の一構成要素である」と。

たしかにそうであろう。証拠提出という法廷技術や弁護士による戦いなしに、当事者主義を語ることはできない。だが、そもそも当事者が法廷で戦う主役である、という基本形態があってはじめて、証拠提出や弁護士などが問題になる。当事者主義が政治的自由の一部であるというハザードの認識も、その限りで意味を持つであろう。そして、政治的自由ということであれば、バークをはじめとする一八世紀イギリスの自由主義者たちによる謀殺私訴擁護論が思い起こされる。決闘裁判は、当事者主義の「先行者」だった。

むろん、その連続性という観点からすると、現代アメリカの当事者主義と直線的に結びつくのは決闘裁判よりも、むしろ陪審裁判であろう。だが、自立した個人相互が裁判で戦い、その検分者が審判を下すという、攻撃・防御のシステムとしての当事者主義は、その精神と構造において決闘裁判と明らかに類似している。その二つをともに貫くのは、自らの権利のために戦うという精神とそれを制度化する法的叡智である。モンテスキューが「非常に賢明な仕方で運用される愚かなこと」と決闘裁判を評したのも、市民の名誉と自由を守るための、その「賢明」さに気づいていたからであろう。

その意味で、決闘裁判は当事者主義のいわば原風景をなしている。それは、自己の権利を守り実現するためにフェアに戦うことこそ正義であり、そのために裁判があると考える。ここでの裁判は、国事としての重々しく権威ある儀式ではない。それは、まずなによりも個人の権利・義務をその個人の責任において公平に確定するための空間、自立した個々人が互いにルールを守って戦う空間である。そこでの主役は、裁判官ではなく、当事者である。すべてを見通す裁判官ではなく、戦う自分自身である。

だから、取引も可能となる。取引は、決闘の最中にすら実行された和解を想起させるではないか。

欧米世界の光と陰

決闘裁判は、現代アメリカの裁判に代表される当事者主義の本質を、もっとも単純かつリアルに表現している。それは、流血をともない、力が正義を決定するという不合理さと野蛮さを兼ね備えていた。同じ時代であれば、中国やイスラムの方がはるかに、整然とした公権力によって規律・執行される裁判を行っていた。彼らから見ると、決闘裁判はおよそ非文明的で理解しがたい野蛮さに満ちあふれていた。一つ例をあげておこう。

十字軍がアラブの地を支配した頃のことである。アラブ側の記録に、その地に移り住んだ中世ヨーロッパの武人や市民の姿を描いたものがあり、その中にヨーロッパから来た人々が実行していた神判や決闘裁判の描写がある。イスラムの知識人たちにとって、その裁判はいかにも「野蛮」だった。アラブの貴族で知識人であるウサーマという人物が残した記録に次のような話がのっている。ムスリムの強盗団の手引きをしたかどで、一人の農夫が疑われた。この老農夫は身の潔白を証明するために決闘を求めた。領主は若い鍛冶屋を相手に選んだ。以下、この決闘裁判の最後の様子である。

ついに老人は力尽きた。鍛冶屋は槌《つち》を振るう経験を生かし、一撃を加えて引っくり返したので、相手は槍を手放す。次いで、相手に馬乗りになり、指で目玉をえぐろうとしたが、流れる血潮のために果たせない。そこで鍛冶屋は立ち上がり、槍のひと突きでとどめを刺した。死体の首にはただちに縄がかけられた。何人かがその死体を絞首台のところに引きずっていき、そして吊るした。この一例でもわかるように、これがフランクの裁判なのである。(マアルーフ著、牟田口・新川訳『アラブが見た十字軍』、以下同)

この当時のイスラムでは、カーディー裁判という非常に合理的で文明的な裁判が行われていた。マックス・ヴェーバーは、カーディー裁判を伝統的支配形態に特有の形式非合理的な裁判の代名詞のように扱っているが、それは偏見というものであろう。少なくともこの時点では、明らかにヨーロッパの裁判の方が非合理で残酷であった。

しかし、話はこれで終わらない。その野蛮なフランク人たちを嫌ったアラブの知識人の一人イブン・ジュバイルはまた、ムスリムがフランクとともに安楽に暮らしていることを伝えている。これは、驚くべきことだった。ムスリムの「家屋は彼らのものだし、財産も手をつけられることがない」。ところが、同じムスリムのもとではそうではない。「事実、フランクは平等を旨として行動するのに、この同胞たちは同宗の者が行う不正に苦しんでいる」。

この記録を紹介したアミン・マアルーフはいう。これは重大な現実の発見である。「フランクにおける正義についての見解が、……「野蛮」と形容できる側面をもっていたにせよ、彼らの社会は「権利の分配者」であるという長所を備えていた」。「封建諸侯、騎士、聖職者、大学、ブルジョワ、そして「不信心」の農民でさえも、十分に確立した権利のすべてをもっている。東アラブでは、裁判過程こそフランクより合理的であったが、領主の専制権力にはいかなる歯止めもない」と。

この「歯止め」こそ、自己の血と生命を懸けて自己の利益＝権利を守ろうとする精神と制度にほかならない。自分の生存に深く関わることにあくまで固執し戦い、裁判になってもけっして自ら戦うことを恐れない。これが中世ヨーロッパの貴族、騎士、市民たちのあり方だった。一方、他の文明圏のように、裁判が権威を持ち、文書や証拠によって運営され、一見すると近代的で合理的であっても、判決と判決にいたるすべてが権力に委ねられるなら、権力は「歯止め」を持たない。そこには、大岡越前守のような勧善懲悪の権力、名裁判官は存在しても、人々の権利と自立性を自明とし、その自由な活動を尊重し、むしろそのために自己が存在するという自覚を持つ権力などありえない。

日本の法律家たちの多くは、権利や自由を重視する考えは、近代の啓蒙主義やフランス革命、あるいは人権宣言によってはじめて登場した、とこれまで考えてきた。その考えによると、権利と自由こそ近代社会の指標にほかならない。日本人が権利意識に乏《とぼ》しく、裁判を嫌うのは、後進的で近代化が十分でないからである。近代化を推進するために、われわれは権利意識を高め、裁判に訴える機会を増やさなければならない、と。

しかし、決闘裁判の考察から明らかなように、「権利のための闘争」はヨーロッパの土壌に深く根ざしており、歴史的かつ文化的なものである。われわれが「権利のための闘争」に違和感を覚えるのは当然であろう。権利主張が義務であるかのように語られることそれ自体が矛盾であり、その違和感の存在を証明している。

しかも、その戦いは、実はそれほど颯爽《さっそう》としているわけではなく、凄惨《せいさん》で暴力的だった。戦いに流血はつきものである。決闘裁判がもっとも具象的に示しているように、欧米世界で発達した裁判においては、血と暴力という陰と、権利と自由という光とが交錯している。裁判だけではない。法も同様である。この光と陰の交錯が欧米の法文化を彩《いろど》っているといってもよいだろう。おそらく、現代の国際社会においても、欧米諸国によって法と正義が語られるとき、このような光と陰の交錯は避けられない。

それゆえ、欧米の法文化にはそれだけの厳しさがある。私たちは、欧米法文化の影響を強く受けてきた。現代の世界もまた同様である。だから、私たちは欧米の法文化をもっと深いところから理解し、そのうえで自分たち自身の問題に向かい、それを解決していかなければならない。

「決闘裁判」はそのための格好の素材である、と私は考えている。

増補　法と身体のパフォーマンス

バイユーのタペストリーより、ハロルド・ゴドウィンソンがノルマンディー公ギヨーム２世に対し、宣誓して臣従を誓う様子。のちにハロルドはこの誓いを破って、イングランド王に即位した（1066 年）。

「決闘裁判」は過去にヨーロッパで行われていた裁判制度で、いまでは死滅し、裁判で実行されることはない。しかし、最近その言葉がアメリカの法律家によって多くの人々の前であたかも生きた制度であるかのように発せられる、という興味深い事件があった。大統領選の集票結果に反対して開催された、二〇二一年一月六日の「アメリカを救え」という大集会でのことである。演説したトランプの私的法律顧問、元ニューヨーク市長のルドルフ・ジュリアーニが大統領選を不正と断定し、その言葉をこう発したのである。

「もしわれわれが間違っているなら、われわれは物笑いになるだろう。しかし、もしわれわれが正しければ、敵の多くは刑務所にいくことになるだろう。さあ、決闘裁判(trial by combat)をしよう」。

ジュリアーニは、後にこれを暴力に訴えろという意味でいったのではなく、テレビドラマの『ゲーム・オブ・スローンズ』に関連させたものだと弁解した。このドラマは中世イングランドなどを模した架空の戦記、R・R・マーティン『氷と炎の歌』を基にしたもので、そこに登場する主役のひとり、ティリオン・ラニスターという人物がたしかに決闘裁判を行っている。ティリオンは背が非常に低い人物という設定で、殺人の罪で告発されたときに、自分を守るために代闘士（チャンピオン）を使って戦っている。原作で、ティリオンはこう主張している。「私は無実です。しかし、ここでは決して正しい裁きを受けないでしょう。神々に訴える以外に選択の余地はありません。決闘による裁判を要求します」（岡部宏之訳『氷と炎の歌3　剣嵐の大地③』）。

このドラマは人気番組で多くの視聴者を得ているので、決闘裁判という言葉は現代アメリカでは必ずしも死語とはいえない。むしろ、不正に処罰されるのを防ぐために決闘裁判を行ったティリオンの例を想起させようとしてジュリアーニがこの言葉を使ったのだとすれば、決闘裁判という言葉が生きており、力をもっていると彼が信じていた、ということになるだろう。

興味深いことに、同じ二〇二一年一〇月にリドリー・スコット監督の手になる『最後の決闘裁判』というアメリカ映画も世界各地で上映されている。この映画の原作は、Eric Jager, *The Last Duel* で、日本でも二〇〇七年に『決闘裁判――世界を変えた法廷スキャンダル』として、二〇二一年には『最後の決闘裁判』と書名を変えて文庫として刊行されている（エリック・ジェイガー／栗木さつき訳）。これは、本書二〇三―四頁でも触れているフランスで起きた有名な事件を扱ったもので、実に詳細に事件の経緯と決闘裁判の展開、その後日談を描き出している。

著者のエリック・ジェイガーは、ジュリアーニ演説やリドリー・スコットの映画上映に触れつつ、ジョージ・ワシントン大学のコロンビア芸術科学カレッジの「歴史ニュースネットワーク」(二〇二一年三月七日)で決闘裁判に関する短評を書いている。ここでジェイガーは『最後の決闘裁判』で書いていなかった興味深い視点を示している。ジェイガーは決闘裁判が中世ヨーロッパで現れた理由、特徴について触れ、それを「中世法や騎士道、宗教、その他の生活領域において身体が中心的であった」こととしているのだ。決闘裁判において、真実の証明は「すでに二人の決闘者の身体のなかに隠れていた」。決闘裁判とは、隠されていた真実を「身体で証明する」ことである、と。

それ以上の詳細な記述はないので、説明はかなり曖昧なものといってよい。しかし、ジェイガーの指摘は傾聴に値する。なぜなら、中世社会においては、たしかに身体は、近代社会のようにただ自然科学的に把握される物的な存在ではなかったからである。身体はしばしば道徳性を含めてその人の全体、いわば人格を表わすもので、人の身体の果たす役割はいまよりもはるかに大きかった。これは興味深い論点である。決闘裁判の基礎にあるものを理解するためにも、中世ヨーロッパにおける法と身体のかかわりについて、ここで考察してみることにしたい。

1 悪魔との契約

ファウスト　……
お前のへつらいが俺を欺き
俺が仮にも自分に満足する日が来たならば
俺が仮にも享楽にあざむかれる日が来たならば
その日こそ俺の最後の日であれ！
さあ　賭を！
メフィスト　よし賭けた！
ファウスト　たがえるまいぞ！
俺が仮にも将来ある瞬間に向い
留《とど》まれ！　お前はあまりにも美しい！　と言ったなら
もう俺はお前のものだ

俺は破滅に甘んじる！
……
（ゲーテ／柴田翔訳『ファウスト　上』）

よく知られているように、ファウストは、悪魔であるメフィストフェレスに魂を売る契約を結んだ。世界の全てを知ることとの引き換えである。引用した部分は、その瞬間を描いた場面として有名である。だが、「いったい、どこにそんな表現があるのか」と思う人も多いだろう。一見したところ、「契約」を結んでいる個所などどこにもなさそうだからである。

しかし、契約はたしかに結ばれていた。民法学の勝本正晃《まさあきら》が『文芸と法律』で指摘しているように、悪魔との賭事契約が、「さあ　賭を！」という「申し込み」と「よし賭けた！」という「承諾の意思表示」によって成立しているからである。しかも、ゲーテはさらに念を入れて、「たがえるまいぞ！（Schlag auf Schlag）」という言葉をファウストに語らせている。

勝本はこれについて、次のように記している。「因《ちなみ》に云う、森鷗外氏も秦豊吉氏も“Schlag auf Schlag”を容赦はいらぬと訳されているがそれは正しくない。之は、古代の契約成立確証の一つの形式で、互いに手をぽんと合わせて（Handschlag）握手する事を云ったのである。此事に就いては、Grimm, *Rechtsalterttümer.* II. S. 147 f. にも記載がある。我国にも、太古には、ちぎり、たにぎりと云うことが契約成立の要件として行われた。又、徳川時代には、手打ちと云う制度があった」。

手打ちの握手（Handschlag）とは、相手の手を打つ所作、振る舞いによる握手であった。「手も人格のシンボルであった（manibus vice cordis datis〔心のかわりに手を与えて〕）」（ハインリッヒ・ミッタイス／世良晃志郎・廣中俊雄訳『ドイツ私法概説』）。したがって、勝本氏も相良守峯氏（岩波文庫版訳者）もこれを「約束した」と訳している。

ところが、メフィストフェレスはこれに安心しなかった。「神に誓って悪魔にかけて　あとひとつだけ！――どうかほんの二行か三行ペンを走らしてお呉れなさい」。悪魔はファウストの言葉としぐさによる諾約になお満足せず、文字を求めた。ファウストはこれに反発した。おまえは「男の一言」というものを知らないのか、と。だが、結局、ファウストは同意し、半ば不安げに、半ば諦観しつついう。

……書かれ印を押された一片の羊皮紙は幽霊にも似て
誰もがその前にたじろぐ。

言葉はすでにペンのうちに死に
封蠟《ふうろう》と鞣革《なめしがわ》が支配者となる――。（同前）

ゲーテは、言葉と文字を対比している。「言葉」を好み、「ペン」に疑惑をもっているらしい。「言葉」は身体が発する音声であり、それとともに行われる身体の振る舞いは人格を賭けた動的な意思表示だった。声をあげ、手を打ち、握手するというのは身体的行動だった。しかし、文字は静的な証明手段である。ファウストが、「言葉」はすでに「ペン」のうちに死んでいるというのは、身体性をもたない理性的な文字の、身体による所作、振る舞いに対する勝利を意味していた。「言葉」と「ペン」は、それぞれ中世と近代を、情熱的な中世的人間関係と理性的な近代的人間関係を象徴的に暗示しているように思える。

2 身体のパフォーマンス

決闘裁判を含めて、ヨーロッパ中世初期および盛期において、神判は裁判において広く使われていた。神判は、超自然的現象によって個々人の行為の判定を可能とすることを神に求めるものだった。ただ求めるだけでは駄目だった。そのためには、身体による特定の儀式、振る舞いが必要だった。神に声をかけ、神に認めてもらうためである。教会もまたゲルマン社会に浸透していく過程では、神々ではなく、神に判定を求めるという形でこれに参与していた。神判は聖職者や権力者が関与する歴《れっき》とした法制度だった。法は儀式のうちに運用された。法は公開され、口頭で運用された。人々の前で聞こえる形で言葉が語られ、伝来の適切な所作が求められた。イギリスの法制史学者メイトランドは、これを次のように表現した。「法が成文化されていないかぎり、法は劇化され、演じられねばならない。正義は、絵画のような衣装をまとわねばならない。さもなければ、正義はあらわれない」(F. W. Maitland, "Outlines of English legal history, 560–1600")。

メイトランドが語ったように、ヨーロッパ中世の法は身体のパフォーマンスのうちに実現され、表現されていた。身体感覚に直接結びついた音(とくに言葉)、所作、イメージ、接触、臭い、味わいの総体的表現としての「パフォーマンス文化」(Bernard J. Hibbits, "Coming to Our Senses")がそこでは生き生きと機能していた。非文字社会における文化は、しばしば「口頭《オーウル》文化」と表現されてきた。だが、ヒビッツが言うように、それは「文字文化」に対比される概念としてはなお狭い。訴えるメディアは声だけではなかった。それは、身体の総体を通じて表現されねばならなかった。法に参加する者はそれぞれが演技者として、身体でその役割を担った。様式や儀式は舞台であり、そこでの主役はむろん当事者だった。

声と音

とりわけ、声と音は大きな要素であった。声をあげること、語ることは書くことよりも信頼されていた。哲学者は広場で真理を説き、弁論家は演説し、裁判官は法を語った。ローマでは契約は文書ではなく、定まった文言で語ることによって成立した（問答契約）。ローマの市民たちは「あなたは与えることを誓約するか」「私は誓約する」と語り、外国人は「あなたは信義によって約束するか」「私は信義によって約束する」と問答した。この問答によって初めて契約に法的効果が与えられた。

また、ゲルマンの民会では、王あるいは首長たちの提案は、武装した自由民である参加者全員によって示された音によって賛同もしくは否決された。提案は、参加者の多くの者たちの意にかなわない場合には、彼らの「ざわめき」によって一蹴された。「しかし、もし意にかなった場合、彼らはフラメア（槍）を打ちならす。最も名誉ある賛成の仕方は、武器をもって称賛することである」（タキトゥス『ゲルマーニア』）。

「ざわめき」か、武器を「打ちならす」音が民会の意思を決定した。北欧ではその制度は長期間にわたって維持された。そこでは、毎年、長老である「法を語る者」が民会にあつまる民衆たちの前で、法を確認し続けた。『スノッリのエッダ』という北欧の伝記は、一一世紀初頭にウプサラで開かれた民会での出来事を伝えている。この民会は、ノルウェーからの講和の提案を論じていた。ヤルル（代官）は賛同したが、時のスウェーデン国王は反対した。すると、法を語る者が立ち上がり、賛成の声を語った。それはこうである。

「現在の王は、誰にも率直に物を言わせてくださらぬ。言ってもよいことといえば、王の気に入ることばかりである。私たちの口を封じようと躍起になっておられるようだ。……王様、私たち農民は今、あなたがノルウェー王オーラヴと講和を結び、あなたの娘のインギイェルドを嫁がせることを望んでおります。……しかし私たちの提案を受け入れてくださらぬのなら、謀反を起こし、お命を頂戴することになりましょう。もはやこれ以上の不和と無法に耐えることはできません。昔、私たちの先祖も同じことをしました。彼らはちょうど今のあなたのように高慢極まりない五人の王を、ムーラの民会（アルシング）の総意によって堀に沈めました。さてどちらを選ばれるのか、すみやかにご返答ください」。これを聞くと大勢の民衆は武器を激しく打ち鳴らし、嵐のような喝采を送った。王は返答すべく立ち上がった。そして、すべて農民の意志通りにしよう、と言った。(アルノ・ボルスト/永野藤夫他訳『中世の巷にて　上』)

ここに記されているすべての記述を真実と受けとることはできないかもしれない。しかし、参加者の武器の音と喝采とが民会の意思を明らかにする方法として描かれているのは確かである。音と声が政治の決定的場面で実効性を示したひとつの実例といえよう。

証書ですら、文字そのものに効果があるのではなく、語ったことを記録するものと考えられていた。遺言もまた関係者を集めて行われるパフォーマンスだった。初期ローマでは、遺言は民会で読み上げられた。中世ヨーロッパでは、遺言は死の床で語られた。聖職者は教会への寄進を得るために、死につつあるものの枕もとに立った。

司法でも声は重要だった。中世も後期に入るころの法書「ザクセンシュピーゲル」(一二二一年頃)には、「誰かが犯罪のゆえに叫喚《きょうかん》告知をもって、それ(犯罪)が一夜を越えたもの(overnachtich)となる以前に、裁判所の前に訴えられた場合、原告が自分とも七人でその犯罪を立証することができるならば、それ（犯罪）をなした者は、即座に地方的追放に処せられる」（『ザクセンシュピーゲル・ラント法』）との規定があった。「叫喚告知」とは被害者の叫びによる、周りにいる人々への訴えであった。「叫喚告知」があった場合、人々は犯人を追い、その場で殺害しても構わない。裁判所に連行することも可能だった。いずれにしても、叫喚つまり叫びに応じることは義務であった。「ザクセンシュピーゲル」は、被害者が叫喚の後に法廷に犯人を連れて行った場合でも、その立証は自身と証人の証明で十分としていた。この場合の証人は現場を実際に見た者ではなく、原告の人格と訴えの宣誓の重みを証明する者であった。それこそが重要であった。一三世紀のマグナ・カルタは、繰り返し読み上げられたが、国王のアルヒーフ（公文書）に公式に挿入されることはなかった。ジョン王の同意の後に、書簡が多数、地方のシェリフなどさまざまな役人たちに「余が結んだ余の憲章によって汝《なんじ》らが聞きかつ見ることが出来るように」送られた。イングランドの全地区で、マグナ・カルタは公的に読み上げられた。読み上げられたのはマグナ・カルタだけではなかった。次の時代のヘンリ三世（一二〇七―七二）は、「これより後、妻に姦通された夫を除き、姦通を理由として他人を去勢してはならない」ことを「叫び人の声によって（voce preconia）法として公布するように命じた」という。「叫び人」の声はしばしばロンドンの街中に響き渡った。

ディケンズの『オリバー・ツイスト』は、被害者の「叫び」がロンドンで一九世紀になっても大きな意味をもっていたことを伝えている。救貧院で育てられたオリバーはロンドンに逃れ、そこで救われるが、救ったのは泥棒の集団だった。なにも知らずに仲間とともにロンドンの街中にでかけたオリバーは、スリの現場を目撃する。スリは一緒に来た少年たちだった。オリバーは驚愕した。ディケンズはその場面をこう表現している。

オリバーは仲間の少年が紳士からハンカチを盗み出したのを見て、驚きと恐怖のあまり逃げ出した。紳士はそれを見て、ハンカチを取られたことに気づき、「「泥棒だ、つかまえろ！」と叫びながら、本を手にしたまま、オリバーのあとを追った」。紳士の「叫び声」に誘われて、多くの人々が続いた。

「泥棒だ、捕えろ！　泥棒だ、捕えろ！」この声には魔術のような力がある。商人は売台を、馬車挽《ひ》きは荷馬車を離れ、肉屋は平鉢を、パン屋は籠《かご》を、牛乳屋は桶《おけ》を、メッセンジャー・ボーイは包みを、小学生は弾き石を、道路工夫は鶴嘴《つるはし》を、子供は羽子板を放り出す。彼らはただがむしゃらに、盲《めくら》めっぽうにあわてふためめいて走り出し、通行人をつき倒し、犬を吠《ほ》えたたせ、鶏をあっけにとらせながらわめき、叫び、通りに、広場に、小路に、その声を反響させながら、走って行く。「泥棒だ、捕えろ！　泥棒だ、捕えろ！」何百とも知れぬ声がこの叫びに和し、町角ごとに群衆は数を増してくる。泥濘にはねをあげ、舗道を蹴《け》立《た》てながら、彼らはとんで行く。窓が上り、人々が走り出て、群衆はただ前へ前へと進む。大道人形芝居の観客は、最高潮というところで芝居をほうり出し、疾走する群衆に加わり、「泥棒だ、捕えろ！　泥棒だ、捕えろ！」という叫びを高め、新たな勢いをそえる。（中村能三訳『オリバー・ツイスト　上』）

この「叫び」は古ゲルマンの時代の叫びを引き継いでいる。古ゲルマンでは、復讐がごく一般的に行われ、とりわけ現行犯に対して、直ちに追跡が行われた場合に叫びが重要な意味をもった。「被害者は「叫び声」を挙げ、この叫び声を聞いた者はすべてこれに応ずる義務があった。……捕えられた犯人は、彼は自己の行為によりみずからを法の外に置いたわけであるから、侵害行為の重さいかんを問うことなくすべて殺されるにまかせられた」（ミッタイス＝リーベリッヒ『ドイツ法制史概説　改訂版』）。

振る舞い

「文書ではなく、声が法を創った」（ヒビッツ）とされるような世界では、身体による振る舞いもまた重要だった。ローマ市民法のもとでは、土地や奴隷、家畜の所有権の移転は、一名の秤《はかり》もちと五人の証人の前で購買する者が購買される奴隷または物を手でつかんで、一定の文言を語り、振る舞うことによってのみ成立した。ローマの法学者ガーイウスの説明ではこう語られた。「「私は、この奴隷をクィリーテース（市民）の権にもとづいて私のものであることを宣言する。そして、これは銅と銅製の秤によって私に買い取られよ」と。次に銅で秤を打ち、そして、その銅を、マンキピウム権（所有権）に受け入れる者が、あたかも代金のように与える」（ガーイウス／佐藤篤士監訳『法学提要』）と。ここでは言葉だけでなく、衆人の前で買う対象を手で握り、秤を銅片で打つという振る舞いが不可欠だった。それゆえ、この法的行為全体は握手行為と呼ばれた。最初に指摘したように、中世ヨーロッパでは、しばしば買い手は売り手の手の平を打ち、握手をした。手打ちによる握手は法的効果を与える振る舞いだった。

振る舞いの重要性は飲食にも及んだ。消費された食べ物や飲み物は神に認められ祝福されたものと考えられていた。初期ローマでの正式な婚姻ではファールと呼ばれたパンを新郎と新婦がともに食することが必要不可欠だった。戦いを決め和解を行う場に、飲食物は付き物だった。タキトゥスの『ゲルマーニア』にも同様の話が伝えられている。ゲルマンの男たちはしばしば宴席に武装して出かける。「昼夜を飲み続けても、誰ひとり、非難をうけるものはない。酔ったものの常として、たびたび起こる喧嘩は、悪罵、争論に終わることは稀に、多くは殺傷にいたって熄《や》む。しかしまた仇敵をたがいに和睦せしめ、婚姻を結び、首領たちを選立し、さらに平和につき、戦争について議するのも、また多く宴席においてである」。宣誓もまたときには飲食を伴いつつ行われることがあった。それは誓いを飲み込むことと考えられていたからである。

訴訟においても振る舞いは重要だった。ハインリヒ・ブルンナーが伝えているところでは、古ゲルマンにおいては死者も訴えることができた。むろん、死者は一人では裁判に出向けない。実際に裁判官のもとに向かったのはその親族たちだった。彼らは「抜き身の剣をもち、死者を棺台のうえにのせ、裁判官の前に連れ出す。死者は三度、三歩ずつ裁判官の前に運ばれる。三歩進むごとに彼らは棺台をもちあげ、叫び声を、いわゆる叫喚をあげた」(Heinrich Brunner, "Das rechtliche Fortleben des Toten bei den Germanen")。

夫が負債を残して死に、妻にその責任が移される場合に、妻は相続財産を放棄することによって事後的に夫と離婚して負債を免れることができた。放棄は、妻の主婦権（鍵の権利）の象徴である家のさまざまな鍵あるいは鍵を束ねているバンドを、死んだ夫の死体もしくは棺もしくは墓の上に妻が置くことによって完遂する。「鍵の放棄あるいは返却は離婚あるいは、生きている夫のもとでの離婚の象徴だった」（ブルンナー）。

ヒビッツによれば、接触もまた法的意味をもった。契約の握手は手の接触だった。中世の人々は宣誓する際に聖遺物や福音書の上に手を置いた。手を置かなければ、それは真の宣誓ではない。それはいまも同じである。キスもまたしばしば法的効果をもった。封建契約における託身（オマージュ）の儀式に封主と封臣のキスは不可欠だった。法的紛争の解決の際にキスが交わされることもあった。結婚式における新郎と新婦のキスも本来は正式の婚姻の証だった。物の移転もまた接触によって表現される。一握りの土くれをもつことは土地の所有を意味した。人は、手で土の感触を味わうことで所有を実感し、土が手から離れることで喪失の思いを深めた。

神判もまた接触の要素を深く有していた。神々や聖霊が証明者との接触を通じて、その正否を伝えると考えられていたからである。熱い湯や鉄との接触は言わば神々との接触だった。火傷を負い痛みに苦しむ敗者は、身体ごとその負けを実感した。それは、決闘裁判ではいっそう厳しかったといってよいだろう。身体そのものが傷つけられ、その場で死ぬか、後に死ぬか、あるいは身体の一部を失ったからである。だからこそ、決闘裁判では、訴える際の宣誓で、「身体」によって証明するということが伝えられた。

たとえば『ボヴェジ慣習法書』の第一七一一条では、親族が謀殺されたと訴えた者は、「もし被告が謀殺したことを否認するときは、彼の身体に対して自己の身体によって（de mon cors）そのことを証明したい」と語るべきことが記されている。決闘が開始されるにあたって、決闘者は二度か三度、異なった宣誓をするのが一般的だった。この宣誓は不可欠の振る舞いで、重要な儀式だった。『ボヴェジ慣習法書』が二度の宣誓を求めていることは本文（一七三―五頁）でも指摘したが、最初に原告が福音書にかけて宣誓すると伝え、神や聖人、聖なる言葉に助けを求め、その後に「手を福音書の上に置かねばならない」。そのうえで相手の非行を「私の権利によって証明」すると語る。これに対して被告もまた、まず相手の「偽誓」を非難し、次いで「手を福音書の上に置いて」自分の無実を誓い、相手の主張が「偽誓」であることを明言し、そのことを「神の助けと私の権利によって証明しよう」と宣誓する。ここでは、聖書に手を置くこと、つまり手で接触すること、その接触のタイミングとその時の言葉まではっきりと定められ、伝えられている。

また、第二の宣誓では、原告も被告も「私の身体」と「この法廷で公然と示した武器」以外にはなにももたず、「策略、魔法および呪詛を手中にしないこと」を誓うように定められている。これと同様の言葉は『ボヴェジ慣習法書』以外の資料にもほとんどすべて出てくる。魔法の類《たぐい》への恐れ、嫌悪が当時は非常に強かったことがうかがわれる。神のみが介入できる、神とのみ接触する、いわば穢れのない身体で戦うことが求められていた。聖書への接触は、自己の身体による神との接触を象徴する重要な儀式だった。

3 「身体」から「文字」への転換点

メールセン条約をもたらした離婚騒動と熱湯神判

では、音や言葉、振る舞いや接触という身体的な法行為から文字による法運営への転換は、ヨーロッパではいつ頃から始まるのであろうか。本文でも、このことについて私なりの解釈を示している。しかし、いささか抽象的な説明にとどまっているところもあるので、もう少し具体的な転機と言えるものについてここで触れておくことにしよう。
それは、九世紀も半ばを過ぎたころに発生した、ロータル王国のロータル二世の離婚をめぐる政治的・法的紛争である。これは、フランク王国をフランス、ドイツ、イタリアの三つに分割することになったメールセン条約（八七〇年）をもたらした政治的事件で、カロリングの血統を継ぐ国王たちやローマ教皇、多数の大司教たちも関わっているうえ、神判とそれをめぐる議論が大きな役割を果たした事件である（本書五四頁）。

一一世紀後半以前のヨーロッパでは、神判はごく当然のように用いられていた。一般民衆レヴェルだけではなく、貴族や国王レヴェルでも事態は変わらない。政治的権力闘争と深く関わった、王妃の離婚をめぐるこの争いにも神判は登場した。これは、「身体」から「文字」への転換の重大な契機ともいえる事件だった。

カール大帝の後を継いだルートヴィヒ一世（敬虔帝）の長子にロータル（ロータル一世、フランク王、皇帝、七九五―八五五年）という人物がいた。彼は父ルートヴィヒ敬虔帝の死後、皇帝となり全帝国を支配しようとしたが、八四一年に弟のルートヴィ・カール（ルートヴィヒ二世、「ドイツ人王」、東フランク王となる）と戦って敗れ、フランク帝国を西フランク（フランス）、東フランク（ドイツ）、その中間部に当たる中部フランク（ロタリンギア・ブルグント・イタリア）からなる三王国に分割することに同意した。その成果を確定したのが八四三年のヴェルダン条約である（二八九頁図参照）。

中部フランクに支配が限定されたがなおフランク皇帝であったロータル一世には三人の息子がいた。ロータル一世が八五五年に死んだ時、ロータル一世が支配していた中部フランクのうち、すでに皇帝位を継いでいたルートヴィヒ二世がイタリアを、次子のロータル二世が中部フランクの北部にあたるロタリンギア（ロートリンゲン）を、そして末子のカールがその南でイタリアの北にあるプロヴィンキアつまりプロヴァンスとブルグント（ブルゴーニュ）を相続した。

ロータル二世は、自己の勢力を拡大するために、かつて父を破った叔父の東フランク・ドイツ人王ルートヴィヒ二世を後ろ盾として、支配地の王であることを宣言した。その領地はロータル王国と呼ばれた。現在この地域はドイツ語でロートリンゲン、フランス語でロレーヌというが、こういった地名はこのロータルという国王名に由来するという。

さて、このロータル王は八五五年、自己の権力基盤を固めるために、サン・モーリス修道院長で帝国の上級貴族フクベルトの妹テウトベルガと正式に結婚した。正式にというのは、それ以前から、ロータル二世は貴族の娘ワルドラダという女性と関係をもっていたからである。しかし、やがてテウトベルガの不妊とワルドラダの出産、フーゴーと名づけられた男子の誕生が明らかになるにつれて、ロータル二世はテウトベルガを疎《うと》んじ、ワルドラダを妻に迎えようとすることになった。彼は、テウトベルガ

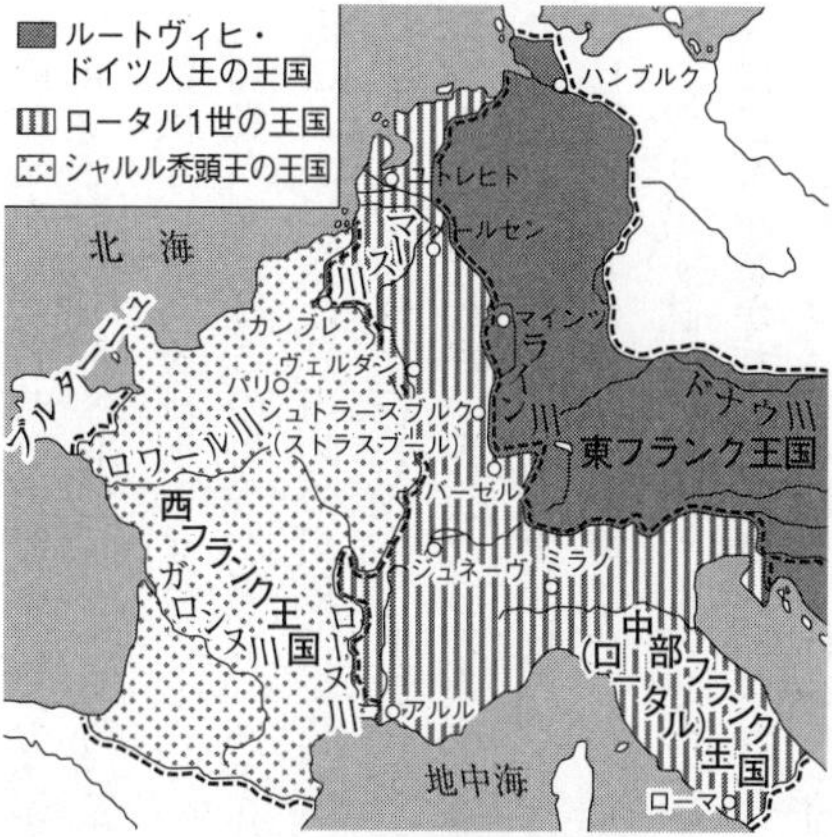

ヴェルダン条約（843 年）後のカロリング帝国

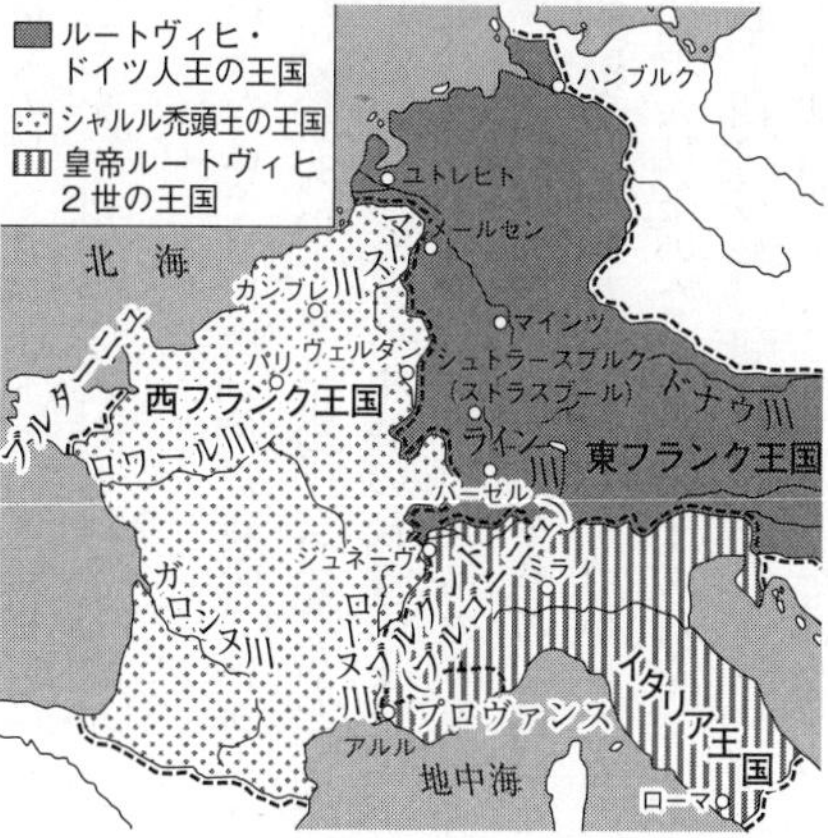

メールセン条約（870 年）後のカロリング帝国

との離婚を成功させるために、自分の妻を彼女の兄フクベルトとの近親相姦のかどで告発した。テウトベルガは、強制的にそのことを告白させられたという。だが、すぐに撤回し、無実を証明しようとした。

高貴な女性はこのような場合、国王裁判所またはそれに次ぐ伯裁判所で神判をうけることができた。当時の記録によれば、「大司教たちの合意と世俗の貴族たちの助言」によって、神判が行われることになった。「大司教たちとの相談の後に、また国王の同意を得て、世俗の貴族たちの裁決に従って、この女性の代理人が熱湯の審判を受けた」。審判の具体的な過程は記録されていないが、通例のように、聖職者が儀式を運営し、テウトベルガに誓約させ、水の悪魔祓《ばら》いをしたのちに、熱湯の中から代理人が石を取り出す試みに向かったと思われる。代理人は釜のなかの熱湯から石をとりだし、手に包帯がまかれ、包帯は封印された。三日か四日後に、包帯がとかれ、判定が下された。結果についての記述はある。代理人の手は「煮られていなかった」と。つまり、火傷《やけど》していないという判定であった。この判定も、「世俗の貴族たち」、「大司教たち」、「国王」の三者によって合意されている。歴史家のハイデッカーは、「世俗の貴族たちは賛成し、大司教たちは当事者を和解させ、祝福を与えた。……その後に、この評決が国王の命令によって確認された」(Karl Heidecker, *The Divorce of Lothar II*) と説明している。重要なのは、神判を行うこととその結果の判断については、神判の主要な参加者たち、有力な貴族や聖職者たち、そして国王の同意を必要とした、ということである。身体を用い、真実を明らかにする儀式に則って行われた神判には被告自身と同身分の者たちもまた参加し、結果を判断することに参与することも可能であった。それは、国王の役人である専門家による、文字が支配する合理的裁判とは異質なものだった。

ロータル二世は、同席した貴族や大司教たちの神判に対する判断を受け入れざるを得なかった。テウトベルガは妻および王妃として再び認められた。八五八年の五月から七月頃のことである。

しかし、ロータル二世はその後、再び策動してワルドラダと同居し、テウトベルガとの離婚を画策し続けた。テウトベルガを幽閉して自白を求めた。だが、テウトベルガはそこから西フランク国王シャルル二世(禿頭王)のもとに逃れ、ローマ教皇ニコラウス一世に救いを求めた。ニコラウス一世はテウトベルガを擁護し、ロータルが求めた離婚を認めず、逆にワルドラダを破門することになる。東と西のフランク国王の介入もあって、ロータル二世は八六五年にテウトベルガを再び受け入れた。しかし、ワルドラダはロータル二世から離され、教皇特使とともにローマに連れていかれた。

その途上でローマにいくことを拒絶して、ロータル王国に帰還した。テウトベルガは再び離婚に合意した。ニコラウス一世はそれを認めなかったが、八六七年に死亡する。新教皇ハドリアヌス二世はロータル二世の遠征をうけて、その意を叶えることとした。これで、ロータル二世とワルドラダが勝利したかに見えた。しかし、その決定を受けて、ローマから帰国する途上でロータル二世は突然の死に襲われた。熱病によるものだった。人々はこれを神判と考えた。八六九年である。ワルドラダは修道院に退き、その子は私生児とされたままであったために、王位相続の権利は承認されなかった。この間隙を利用して、西フランク国王シャルル二世（禿頭王）と東フランク国王ルートヴィヒ二世はロートリンゲンを東西に分割し、それぞれの支配地に収めることとした。このことを二人の間で取り交わした条約がメールセン条約（八七〇年）である（二八九頁図参照）。東西フランク王国の中間に位置したロータル王国は消滅し、フランスとドイツは直接、国境を接することになった。かつてのフランク王国は大きくフランス、ドイツ、イタリアの三国に分割されることになった。ロータル二世とワルドラダとの長子であるフーゴーはこれに反発して挙兵したが、成功を収めず、最終的には捕らえられて両目をえぐられ、プリュムの修道院でその生涯を終えた。

教会の思想転換

本書の本文（五四頁）でも触れたが、ランスの大司教ヒンクマールが、神判をキリスト教の観点からみて正当であると主張したのはこの事件に関してのことである。神判の後もロータル二世がテウトベルガとの離婚を画策し続けるのをみて、事件に関与していると思われるロタリンギアの高位の聖職者たちが質問状をヒンクマールに送り、これに回答した文書が『ロータル王と王妃テウトベルガの離婚』（八六〇年）である。ヒンクマールは離婚に関してテウトベルガを擁護し、ロータル二世の行動を教会法に反するものとして厳しく非難した。もっとも、彼は、後にメールセン条約を結ぶことになる西フランク王シャルル二世（禿頭王）の顧問であったから、その敵対的態度には少なからず政治的要素が含まれていたのは否定できないであろう。また、その主張の力点はキリスト教的な婚姻とは何かであった。これがキリスト教の大きな教義上の問題であると同時に、王国の継承という非常に政治的な問題でもあったから当然であろう。しかし、その過程でヒンクマールが神判について触れ、その正当性を強調したのはやはり重要である。キリスト教の碩学《せきがく》が神判を明確に肯定したからである。

ヒンクマールが、その論拠としたのは『聖書』だった。ヒンクマールはこう記している。主《しゅ》は最後の審判の日について語る折に、水によって示された審判を想起させた。

主は言われた。「ノアの時代にあったようなことが、人の子が現れるときにも起こるだろう」（ルカによる福音書17・26）と。また、火による場合についても、主は「ロトの時代にも同じようなことが起こった」（17・28）と述べられている。「主は、ソドムの民たちが火によって審判を下された事実を引き合いに出された」。「古代より、すでに行われた神判とこれから行われる神判の間に位置するキリスト教は神判を聖別し、承認してきた。信仰の箱舟でノアの時代に行われたように、神判は水によって行われることができる。あるいは、ロトの時代に火で行われたように、また人の子の到来の際にそうなるように、神判は熱湯によって行われることができる」（「質問6」）と。

ヒンクマールのこの記述は、神判の歴史において特筆される。すでにキリスト教会においても批判者は存在していたから、この神判肯定論はそれなりに画期的だったといってよいであろう。しかし、このとき、ヒンクマールとは別に、同じく注目されるべき判断が示されていた。テウトベルガを後援し、ロータル二世と厳しく対立したローマ教皇ニコラウス一世が出した教令である。ニコラウス一世は反ロータル二世の立場から、熱湯神判を明確に否定はしなかった。しかし、実は肯定もしていない。むしろ、そこにはふれずに、一つの知的変革を行っている。それは決闘裁判の明確な否定である。

ニコラウス一世は、ローマ教皇の至上性をとくに各地の大司教たちに対してはっきりと主張し、ロータル二世に味方した大司教を解任するなど、その至上性を実行に移してもいる。この教皇至上主義の点で、大司教の権威を重視したヒンクマールと対立したことでも有名である。ニコラウス一世は、とくに婚姻の問題に関する教会の権限の絶対性を確立することに腐心し、後の教皇革命に道を切り開いている。この観点から、離婚のためのロータル二世の試みには徹底して敵対した。そのなかに、ロータル二世が八六六年に試みた世俗の裁判所における決闘裁判による決着を否定し、決闘裁判は神と教父の教えに反し、神を試しているに過ぎないと批判したものがある。テウトベルガにとって有利な審判となった熱湯神判など神判全体には言及していないが、決闘について明示的に反対したものである。ニコラウス一世は本文一九五頁でも紹介したように、「一騎討ち《モノマキア》」に関する教令で、神の権威が決闘を義務付けるようなことは決して定めていないと明記し、その理由として「一騎討ちおよびそれを実行しようとするものたちは、そのことで神を試すように思われるからである」と伝えている。

決闘や神判は神を試すことにほかならない、という主張は、その後の神判否定の基本的な論理となり、この決闘の教令は、バートレットによれば、カノン法学者のレギノ、ブルハルト、イヴォを通じて、「グラティアヌス教令集」に採録され、「一二、一三世紀の普遍的な教会法の中核部分となった」（竜嵜喜助訳『中世の神判』）。神判への聖職者の関与をはっきりと否定した第四回ラテラーノ公会議決議第一八条に記載された「一騎討ち《モノマキア》または決闘に関して以前に告示された禁止もまた有効である」との件《くだり》は、ニコラウス一世のこの教令を受けているといってよいであろう。

裁判において重視されねばならないのは文書証拠であった。ヒンクマールは熱湯神判を正当化したが、そのために『聖書』をはじめとする多くの文書を用いた。ニコラウス一世は離婚騒動における一連の動きに対処し意見を述べるためにいくつかの「偽造された法的テクスト」を用いた。法的テクストを利用し、判決を下すことが正しいとする立場がここに認められる。そして、ニコラウス一世はその立場を貫いた。ドイツ法史のマティアス・シュメーケルによれば、「ヨーロッパ普通法（Ius Commune）の基礎としてのローマ・カノン法訴訟」がここに発生したといってよいであろう（小川浩三他監訳『ヨーロッパ史のなかの裁判事例』）。

ロータル二世は熱湯による神判や決闘裁判を用いて家督のための離婚を成功させようとした。ロータル二世は伝統的な世界の人であった。これに正面から対峙したのがニコラウス一世とヒンクマールだった。ロータル二世の目論見が粉砕されたのは、文字の支配する世界への大きな一歩だった。

4　文字の支配

文字に権威を認めるか否かは人々の世界観の問題である。人々が文字に権威を認めて初めて書付《かきつけ》が法的効果を発する。むしろ、中世ヨーロッパの騎士の間では、慣行や身体による物理的な力のほうがもっと重要だった。中世史家のアーロン・グレーヴィチによれば、封建社会において法的事柄の重要事項を決めたのは「法律ではなく、慣行だった」。それは、場所と時と人物その他の要因に応じて変り得る慣行だった。こういう条件下では「強者の法」に広い活動舞台が開かれていた。グレーヴィチはいう「裁判でも、法に基づいたやり方でも満足がいくように解決されなかった事態は、剣と私闘によって決着がついた。強大な封建領主は法を尊重する傾向がなく、好都合な法的解釈に頼れない場合には力に訴えた。あるいは自分で独自の裁判を行うこともあった。決闘、戦争、血の復讐は、封建法の普遍的な相関概念であった」。しかし、このことは無法を意味するのではなく、慣習法、古き良き法の支配を意味していた。決闘や神判もそのような法のもとにあった。「社会的行動のすべての面を儀式化するという条件下では、慣行と法は重大な役割を担っていた」（『中世文化のカテゴリー』）。

しかし、この法は剣と私闘によって確認される記憶のなかにあるもので、理性的な「文字」の法ではなかった。

カロリング王朝の時代、とくにカール大帝の時代にはすでに文字を重視する動きはあった。いわゆるカロリング・ルネサンスである。しかし、武器をもった自由人や貴族たちを恐れさせるほどのものではまだなかった。ロータル二世とニコラウス一世の戦いは政治的戦いであると同時に、精神の戦い、「身体」と「文字」の戦いでもあった。ロータルは結局敗れたが、それはロータルの偶然の死によるもので、ロータルがもう数年生きていたならば、結果は異なっていただろう。戦いは始まったばかりであった。ニコラウスは力強く礎石を築いたが、それはまだ礎石でしかなかった。同じ陣営で戦ったヒンクマールですら、神判のキリスト教的正しさを証明していた。真の変革のためには、次の時代を待たねばならない。

次の時代とは、一一、一二世紀である。一二世紀には、一二世紀ルネサンスと呼ばれる精神と文化の大きな変動があった。それは、文字が支配を始める時期であった。法の分野では、文字で記されたローマ法の復活とカノン法（教会法）の興隆が大きな意味をもった。一一世紀末にボローニアに法科大学が生まれ、各地に大学と学問が生まれていった。ハロルド・J・バーマンはそのことを次のように簡潔に説明している。

11世紀末―12世紀に法学の誕生を可能にしたのは、大学であった。大学で初めて法学が「論理的に一貫した知識の体系、つまり科学 a distinct and systematized body of knowledge, a science」として教えられることになった。判決・法令・規則が普遍的な「法原則 legal principles」によって説明できるよう体系化され、それが教えられることになった。この新しく登場してきた法学を大学で学んだ卒業生が、教会や世俗の支配体制を支えるべく顧問官・判事・弁護士・行政官・法案立案者として活躍を始めた。それまで慣習や宗教と一体化していた法制度は、独自の制度として分離、体系化されることになった。(宮島直機訳『法と革命I』)

重要なのは大学と法学・法律家が「教会や世俗の支配体制」と結合したことである。支配の在り方が集権的なものへと大きく変わりつつあった。法学はそれを論理的にも現実的にも推し進めた。大学を本拠地として活動した註釈学派はユスティニアヌス帝の諸法典(「学説彙纂」など)に精密な註釈を行った。その集大成といわれるアックルシウスの『標準註釈』は大きな権威をもち、「註釈が認めないものは法廷もまたこれを認めず」とうたわれた。法科大学で学んだ法律家は君主の政治、行政、裁判の場で活躍した。やや遅れて発達したカノン法学（教会法学）は教皇の権威化に尽力し、訴訟を文字化し、合理化することに大いに貢献した。一一四〇年頃に出されたといわれる「グラティアヌスの教令集」はユスティニアヌス帝の諸法典に匹敵する権威と精密さをもっていた。

教会の裁判では、口頭の言葉ではなく文字と文書が重視された。すべてが書面で行われた。裁判は文書による訴状に始まり、判決にいたるまで、そのすべてが記録された。筆記したのは公証人だった。カノン法の訴訟手続のもとでは、「民事裁判であれ刑事裁判であれ、原告は事実関係を略述した文書をまず提出する必要があった。また、被告も、原告の訴えに対して文書で反論する必要があった。こうして13世紀初めには、文書主義が手続の方法として確立する。判決も文書にする必要があった」（バーマン、同前）。文書への信頼は過剰なほどで、それは「魔術的」ですらあった。

カノン法学は、ローマ教皇の至高性を強調した。裁判も審級制をとり、当事者の納得よりも権威による裁定を重んじた。それは、法人の思想を磨き上げ、エルンスト・H・カントーロヴィチが『王の二つの身体――中世政治神学研究』で明らかにしたように、国王の身体について、「自然的身体」と「永遠の身体」の二重性という形で国家という法人への道のりを与えていた。人の死は自然だが、国家の死は自然的なものではない。法人は抽象的に生命をもち、文字と理性のなかで機能する。やがて、法を定め書き記すことが許されるのは、この死ぬことのない国家だけだ、ということが観念においても現実においても支配的になっていく。

神判の公的否定

ニコラウス一世の戦いはローマで続いていた。教会改革を進める勢力が力をもち、やがてその頂点に立ったのがローマ教皇グレゴリウス七世だった。グレゴリウス七世は神聖ローマ皇帝ハインリヒ四世と戦った。この二人が繰り広げた戦いが聖職叙任権闘争である。本文（七六頁）でも指摘したように、この戦いはラジカルだったので教皇革命とも呼ばれる。

聖職叙任権闘争が開始された一一、一二世紀の教会は革命的だった。革命的だったのは単に皇帝の大司教任命権に対してだけではなかった。その戦いはより広く、より根源的だった。教会は、それまでの異教的・土俗的信仰のみならず、聖俗混淆の政治・社会と完全に訣別し、教会の純化を求めた。俗人が大司教に任命されることが否定され、大司教を単独で叙任するのは教皇だった。教皇が頂点に立つ体制が確立するにつれて、聖俗分離が推進された。教会は理性を重んじ、文字と知性を尊重し、キリスト教社会の人々を素朴で自己中心的自然認識から訣別させることをめざした。一二一五年の第四回ラテラーノ公会議は神判に聖職者が参加することを禁じた。

神判を否定したのは、それが異教的信仰、異教的自然観と結びついていたからである。神判は自然現象にいわば奇跡を起こすことで成立する。それは神を試すことだと主張され、禁止された。これはまた、自然信仰と結びついた異教的神々を放逐《ほうちく》することをも意味した。純化されたキリスト教は、自然のなかにあまねく潜んでいる神々という認識を否定し、超自然的現象を認めない。自然は神々の潜む畏怖すべき対象、信仰や祈願の対象ではなく、観察し、克服し、開発すべき存在でしかなくなる。

身体にもはや真理は存在しない。ここでは、身体はただの身体である。

5　パフォーマンス文化の現代的意味

法の世界を支配するのは文字である。メフィストフェレスが「書かれ印を押された一片の羊皮紙」にこだわったのは文字に大きな意味を認めていたからである。法律は文字で記され、諸法典やいわゆる六法全書にほぼ集約される。実生活でも言ったか言わないかを証明するのは、つまるところ文字である。書かれているかいないか、書いたか書かなかったかは近代の法的紛争における最大の焦点である。メフィストフェレスはその意味ですこぶる近代的である。

バーナード・ヒビッツは文字支配の文化に対して「パフォーマンス文化」という概念を提示していた。パフォーマンスは身体の全体性と結びついている。語り、振る舞い、接触し、飲食するという行為は単独では完結せず、しばしば他の要素とともに表現された。それは動的であり、あたかもバレエやオペラのように総合的だった。身体の裁判では、当時者は主役として語り、振る舞った。証人となることのできる多くの観衆もまた存在した。観衆はそれを見て、記憶に焼き付け、必要なときに思い出し、証言し、時には身体に現れる真理を判定し、喝采し、反対する存在だった。法をめぐるパフォーマンスはすぐれて総合的かつ劇場的で、社会的意味に満ち溢れている。

火や水の神判や決闘裁判はパフォーマンスの最たるものだった。屋外で、多くの人々が見ている前で、定められた儀式に従い、熱湯や冷水そして決闘で神に問いかけ、戦ったものの身体を通じて神の審判が下される。しかも、熱湯による神判の場合には、その火傷の判定に多くの人々が関与した。

一方、文字は、記憶を正確に残し、思考を深化させ、論理を精緻化する。文字は、口承や儀式よりもはるかに強力な記憶媒体である。それは、パフォーマンスの印象的で曖昧な記憶を優に凌駕し、知的で理性的である。一一、一二世紀以降のヨーロッパでは、文字文化の担い手は知的エリートだった。知識人は、民衆的な言葉としぐさの文化を軽蔑し、その価値を貶めた。文字は、異教的文化を否定し、自然を克服し、大学やスコラ的理性主義と結びつき、活版印刷術の登場とともにその影響力を高めていった。近世におけるプロテスタンティズムの成立と拡大、世俗における合理化と紀律化、思想における啓蒙主義の進展が、この動きに拍車をかけた。理性と文字が社会全体を支配し、身体のパフォーマンスを退けていった。法の世界においても同様だった。というよりも、法の世界こそ、その先進地帯だった。メフィストフェレスが求めた「書かれ印を押された一片の羊皮紙」はその象徴であろう。そこでは文字が支配者である。

神判、決闘、儀式化された振る舞いは文字の背後に退いた。近代になると、あからさまにそれらを表出することは憚られるまでになる。法と裁判は文字と室内に閉じ籠り、判決は文字からなる法典や判例の冷静な適用とされた。法は文字に知悉《ちしつ》した専門家たちのものとなり、判決は専門家の下す理性的正義だった。ここでは、社会的感情よりも、法的理性が優先される。パフォーマンスが総合的であるとすると、文字文化は単一的で独占的だった。それは、知的に洗練されたモノクロームの世界だった。

パフォーマンス文化のもとでは社会性や共同性が重視される。人々が互いに依存すること、個人もまた複雑な網目のなかに生きていることは自明だった。法は演じられることによって実現され、創られ、発見された。法のある種の創造に人々は参加し、語られる法（判決）は共同体の構成員の感情に可能な限り見合うもの、説得的なものでなければならなかった。ゲルマンの裁判集会での判決提案に対して、観衆の誰もが異議を唱えること（判決非難）ができたのはそのためである。しかも、判決を提案した者と異議を唱えた者は決闘でその主張の正否を争うことすら可能だった。決闘は、情念、感性、自己主張のパフォーマンスの最高の表現であり、最大のドラマだった。パフォーマンス文化は、不安定で危険だが、劇的で多彩だった。

「アメリカを救え」で多くの参加者たちを前にして、ジュリアーニが「決闘裁判をしよう」と叫んだとき、彼はパフォーマンスを呼び掛けていた。文字による裁判、文字の支配する裁判、裁判と国家を運営する知的エリートの支配への反発と反乱の感情を揺り起こし、身体を賭けて主張を貫くように集会参加者に促していた。ジュリアーニが現代社会において荒唐無稽ともいえる「決闘裁判」の呼びかけができたのは、集会参加者たちの心情の底流にあるものを直感的に捉えていたからかもしれない。

しかし、この事例に明らかなように、身体のパフォーマンスは魅力的要素をもってはいるが、そこには重大な欠陥もある。伝統を尊重する点で過度に保守的で、情念や感情が強く機能する分、結局は深く考えず、建設的な議論をしないままに力による問題解決に走りがちだ、ということである。身体を賭けて戦うことは最大のパフォーマンスだが、それは暴力による問題解決を美化し、制度化しているともいえる。

しかし、モンテスキューが見抜いたように、ヨーロッパにおける決闘裁判は集団的抗争としての私戦（戦争）を一対一の裁判に組みかえる、という側面をもっていた。騒乱から平和へのひとつの道筋であり、裁判における当事者主義の原型でもあった。個人が自立して互いに自己主張し、その優劣によって判決が下されるという当事者主義はパフォーマンス文化の産物でもあった。パフォーマンス文化をそのような有意味な形で現代社会に組み込んでいくことは可能であり、有益であろう。権力者だけが決定し判決を下すのではなく、屋外で衆人環視のもとに、また、その意思表示のもとに行われる政治決定や裁判というスタイルはそのままでは実行できないとしても、常に意識して無視してはならない方式の一つであろう。中世ヨーロッパにおいては、法とは文字として具体的・実定的に存在して上から正義として適用されるものではなく、裁判の場で発見され実現されるものだった。大事なのはそのプロセスであり、そのなかで社会的に納得される解決が見出されることだった。

その観点から、神判や決闘裁判とともによく用いられたのは仲裁や和解だった。この場合には、関係を修復し対話を回復することが重視された。双方が自立した当事者として互いに譲り合い、武力による解決ではなく、ともに一定の利益を得ることで紛争を解決することが尊重された。和解によって関係を修復するだけでなく、紛争当時者たちの関係を以前にもまして強化することもよくあったという。当事者が、強弱はあっても対等な関係のなかで互いに交渉し、自身の判断で譲り合い、一定の利益と存在を確保するという試みは、市民が構成する国内社会においても、国際主権とでもいうべきものが存在しない現代国際政治においても、常に意識すべき考え方であろう。

精緻で合理的な文字文化と非合理的要素を抱えるパフォーマンス文化は対照的に見えるが、必ずしも常に対立するわけではない。二つの要素を適切に生かしていくことは可能であり、そうすることこそ望ましいのではないか。パフォーマンスの世界では、当事者の主体的関与と参加者として加わる観衆の目がかなりの比重を占めていた。それは個人の自立性と尊厳を認め、守ることにも通じている。その側面は尊重されねばならない。

パフォーマンスの文化は総合的で、他者との協同で遂行される。長所も短所もあるが、過去のものとして切り捨てるのは傲慢であろう。それは、文字文化のなかにもさまざまな形で入り込んでいる。文字の意味を読み取るのはわれわれである。それは、人間だけができた文書の作成すら見事に行う生成ＡＩの時代においても同様であろう。身体によって表現される総合的なパフォーマンスの形と精神が現代社会において重要な役割を果たす可能性は少なくない。主体的であると同時に他者との関係性を尊重するなかで行使される複雑な総合性は、モノトーンのＡＩのなかには存在しないからである。

※本論稿は、「法と身体のパフォーマンス」（『大航海』五三号、新書館、二〇〇五年）を大幅に加筆、修正したものである。

あとがき

正義の女神は左手に秤《はかり》、右手に剣を持っている。この女神は裁判を司《つかさど》るという。紛争に平和をもたらすための裁判を司る女神が剣を備えているというのも、どこか奇妙ではあるが、わかるような気もする。裁判は権力の作用であるから、剣は権力を象徴するのであろう。だが、これは単に抽象的に権力を象徴しているのではない。判決を下すことが命懸けの行為だった中世ヨーロッパの裁判の現実を、それは無意識のうちに反映している。

中世ヨーロッパでは、多くのことがらが実力と暴力と流血によって決められた。中世に生きる人々は、それをあたりまえのことと感じ、そう行動した。だから、それは、法の世界にも反映した。人々の集団的な流血の争い（フェーデ）は、正当な理由の下に正当な手続を踏めば合法とされたし、紛争を裁判の場で争うことにしたとしても、被告は、原告はもとより、不利な（不当な）判決を提示する者たちに対して、決闘を求めることが許された。正義の女神が剣なしでいられないのはそのためである。

私たちは理性的に生きているつもりだが、思いこみと錯覚にとらわれることも少なくない。自由や権利の歴史などもその一つであろう。古い時代にさかのぼればさかのぼるほど、人々に自由と権利はなく、裁判は権力的かつ恣意的に行使され、拷問があたりまえのように用いられていた、そう思っている人が多いのではないだろうか。だが、ヨーロッパの歴史を見る限りでは、そうではない。

権力が拷問を用い、裁判で権威に基づいて判決を下すようになるのは、フランスやドイツなどでもせいぜい一三、一四世紀頃からであろう。それまでは、自由人は宣誓か神判か決闘で身の証を立てることができた。裁判官は一方的に判決を押しつけることはできなかった。その意味では、現代の裁判の方がよほど権力的で一方的である。

『神曲』で有名なダンテは、決闘裁判の熱烈な擁護者だった。彼は『帝政論』（一三一〇―一二年）で、「人間の判断」は「無知の暗闇」に覆われており、およそ役にたたないから決闘にたよるべきだと言い切っている。「自身の血と死によって贖《あがな》おうとするほど正義を愛している」者がいるなら、「神は正義であり、正義を愛される」がゆえに、神が正しい判決を下されるであろう、と。

むろん私は、神判や決闘裁判の復活論者ではない。だが、われわれの判断などしょせん「無知の暗闇」の中にしかない、という反省は必要であろう。現代日本の裁判のあり方がはたして最善かどうか、歴史的観点から考え直してみるのも有益と思う。また、ヨーロッパ中世の当事者主義に鑑《かんが》みて、現代日本の刑事裁判制度はあまりにも本来の当事者（被害者やその親族）に対する配慮に欠けるのでは、ということに思いをはせるのもよいだろう。いずれにせよ、本書が過去を知り、現代を考える一助となれば幸いである。

本書を書くにあたって、私は多くの人々の助力を得た。とくに同僚の青木人志氏や塚田富治氏、また決闘裁判に関するけっこう難しい文献を読むのにつきあってくれたゼミナールの学生諸君（一九九九年卒業）に、この場を借りてお礼を申し上げておきたい。

講談社の鈴木章一さんと堀沢加奈さんにも感謝の意を表したい。とくに堀沢さんには、構想の段階から今日にいたるまで、なにかとお世話になった。本書をこのようなかたちで出版できたのもそのご尽力の賜物であり、心からお礼を申し上げたいと思う。

二〇〇〇年七月　　山内進

文庫版あとがき

本書が二〇〇〇年にはじめて出版されてからすでに二十年以上の歳月がたっている。時代の状況も雰囲気も変わっている。そのようななかで、ちくま学芸文庫の一冊として新たに出版されることになったのは大変うれしいことである。増補を付加することができたのも幸運だった。

増補でも書いたように、本書でも触れている「ドゥ・カルーズュ対ルグリ」事件を素材にした『最後の決闘裁判』という映画が二〇二一年に世界各地で上映された。また、この二〇二三年に決闘裁判の場面をひとつのクライマックスとする皆川博子『風配図』（河出書房新社）が上梓されている。『風配図』で描かれた決闘裁判には代闘士が登場する。普通は女性や老人に代わって強い男が代闘士となるのだが、ここでは難破して怪我のために戦えないリューベックの商人ヨハンに代わってヘルガというゴトランドの既婚の少女が決闘を行う。相手は若い男である。ヨハンに代わって戦おうとする男はおらず、ヨハンの敗訴は確定寸前だった。その時に、突然ヘルガが宣言した。

「私が闘う」。

ヘルガはなぜそう宣言したのか。これについては『風配図』を読んでもらうのが一番であろう。ただ、一言だけ添えておくと、ヘルガを動かしたのは恋愛感情ではない。映画や原著の『最後の決闘裁判』ではヒロインのマルグリットは自身の訴えを強い意思で貫徹した。ヘルガは、自ら代闘士となり決闘に臨んだ。その二人には共通するものがあった。女性としての誇りと自由・自立への思いである。二つの作品で決闘裁判がそれにふさわしい舞台として設定されているところに二十一世紀的現代性がある。

決闘裁判は中世ヨーロッパ的で、近代の裁判にはない暴力性をもっている。しかし、近・現代の法制度とその精神を象徴的に表現する当事者主義の原型でもある。近・現代の法の精神は個人の権利、自由、人格の尊重である。自由と自立は不可分の関係にあるから、個人の自立の尊重といってもよいだろう。いま、その側面からも、決闘裁判が語られ始めている。決闘裁判はなによりも法制度の問題である。しかし、何を大事にするかという生き方の問題でもある。

文庫化を勧めてくれたのは編集者の守屋佳奈子さんである。手順や校正の緻密さは驚くほどであった。この場を借りて厚く御礼申し上げたい。また、忙しい中、見事な解説を書いてくださった松園潤一朗氏にはただただ感謝するのみである。

参考文献

翻訳された著作の場合、引用にあたって、そのまま利用したものと私が訳したものがある。利用した場合には、初出の際に訳者名をあげた。参照させていただくにとどめたものについていうと、これは訳の内容に異を覚えたからではなく、あくまで文体を整えるためである。とくに、古い時代の法律の引用について、このことはあてはまる。直接利用できなかった翻訳のほぼすべてが正確で、学問的に有意義であるだけに、このことはとくに断っておきたい。

また、外国語の文献は、新書の性格上、もっとも基本的で、私がとくに利用したものだけをあげるにとどめた。この点もお断りしておきたい。

アゴバルドゥス（大谷啓治訳）「神の判決について」『中世思想原典集成6 カロリング・ルネサンス』平凡社、一九九二年

イェーリング（村上淳一訳）『権利のための闘争』岩波文庫、一九八二年

ウィンター、J・M・ファン（佐藤牧夫・渡部治雄訳）『騎士』東京書籍、一九八二年

エネン、エーディト（佐々木克巳訳）『ヨーロッパの中世都市』岩波書店、一九八七年

エリアス、ノルベルト（赤井慧爾・中村元保・波田節夫・羽田洋他訳）『文明化の過程』上・下 法政大学出版局、一九七七、一九七八年

カエサル（國原吉之助訳）『ガリア戦記』講談社学術文庫、一九九四年
ギボン（中野好夫・朱牟田夏雄訳）『ローマ帝国衰亡史Ⅵ』筑摩書房、一九八八年
グレーヴィチ、アーロン（川端香男里・栗原成郎訳）『中世文化のカテゴリー』岩波書店、一九九二年
タキトゥス（泉井久之助訳註）『ゲルマーニア』岩波文庫、一九七九年
チャンパイ、アッティラ／ディートマル・ホラント編（宇野道義他訳）『ワーグナー　ローエングリン』音楽之友社、一九九〇年
トゥールのグレゴリウス（兼岩正夫・臺幸夫訳）『歴史十巻（フランク史）』Ⅰ・Ⅱ　東海大学出版会、一九七五、一九七七年
バートレット、ロバート（竜嵜喜助訳）『中世の神判』尚学社、一九九三年
フォン・ヴュルツブルク、コンラート（平尾浩三訳）『コンラート作品選』郁文堂、一九八四年
フォン・エッシェンバハ、ヴォルフラム（加倉井粛之他訳）『パルチヴァール』郁文堂、一九七四年
フランク、ジェローム（古賀正義訳）『裁かれる裁判所　上』弘文堂、一九七〇年
ホイジンガ（高橋英夫訳）『ホモ・ルーデンス』中公文庫、一九七三年
ホゥルト、ジェイムズ・クラーク（森岡敬一郎訳）『マグナ・カルタ』慶應義塾大学出版会、二〇〇〇年
マアルーフ、アミン（牟田口義郎・新川雅子訳）『アラブが見た十字軍』リブロポート、一九八六年
マッコール、アンドルー（鈴木利章・尾崎秀夫訳）『中世の裏社会』人文書院、一九九三年
マン、トーマス（小塚敏夫訳）『ワーグナーと現代』みすず書房、一九七一年
ミッタイス＝リーベリッヒ（世良晃志郎訳）『ドイツ法制史概説　改訂版』創文社、一九七一年
メイトランド、フレデリック・ウィリアム（小山貞夫訳）『イングランド憲法史』創文社、一九八一

年
メクゼーパー、C／E・シュラウト共編（瀬原義生監訳）『ドイツ中世の日常生活』刀水書房、一九九五年
モネスティエ、マルタン（大塚宏子訳）『図説 決闘全書』原書房、一九九九年
モンテスキュー（野田良之・上原行雄他訳）『法の精神』上・中・下 岩波書店、一九八七、一九八八年
リウトプランド（大月康弘訳）『コンスタンティノープル使節記』知泉学術叢書、二〇一九年
ワアグナア（高木卓訳）『ロオエングリイン・トリスタンとイゾルデ』岩波文庫、一九五三年
赤阪俊一『神に問う』嵯峨野書院、一九九九年
阿部謹也『中世の星の下で』影書房、一九八三年
阿部謹也「神判の世界とケガレ」『西洋中世の愛と人格』朝日新聞社、一九九二年
石井紫郎「外から見た盟神探湯」石井紫郎・樋口範雄編『外から見た日本法』東京大学出版会、一九九五年
伊藤嘉啓『ワーグナーと狂気』近代文芸社、一九八九年
上山安敏『魔女とキリスト教』人文書院、一九九三年
宇川春彦「司法取引を考える」一―七、『判例時報』一五八三―九三号、一九九七年
加藤哲実「共犯者の告発と決闘による証明」『法律論叢』六四―二、一九九一年
久保正幡・石川武・直居淳訳『ザクセンシュピーゲル・ラント法』創文社、一九七七年
久保正幡訳『サリカ法典』創文社、一九七七年
久保正幡訳『リブアリア法典』創文社、一九七七年

小林秀之『アメリカ民事訴訟法』弘文堂、一九八五年
小山貞夫「第一篇　陪審制と職権的糾問手続への史的岐路」『絶対王政期イングランド法制史抄説』創文社、一九九二年
佐藤欣子『取引の社会』中公新書、一九七四年
佐藤輝夫訳／ベディエ編『トリスタン・イズー物語』岩波文庫、一九五三年
佐藤輝夫他訳『ローランの歌　狐物語』ちくま文庫、一九八六年
瀬田勝哉「神判と検断」『日本の社会史』第5巻　岩波書店、一九八七年
世良晃志郎『バイエルン部族法典』創文社、一九七七年
高木八尺・末延三次・宮沢俊義編訳『人権宣言集』岩波文庫、一九五七年
高橋清徳「《中世都市 versus 神判論とそのパラメーター》」『千葉大学法学論集』一一一一、一九九六年
千葉正士『法文化のフロンティア』成文堂、一九九一年
直江真一「中世イングランドの決闘審判について」片山達郎編『綜合研究　中世の文化』角川書店、一九八八年
中田薫「古代亜細亜諸邦に行われたる神判」中田薫『法制史論集』第三巻下　岩波書店、一九七一年
新倉俊一『ヨーロッパ中世人の世界』筑摩書房、一九八三年
西川洋一「初期中世ヨーロッパの法の性格に関する覚え書き」『北大法学論集』四一―五／六、一九九一年
庭山英雄『自由心証主義』学陽書房、一九七八年
塙浩訳『ランゴバルド部族法典』信山社出版、一九九二年

塙浩訳『ボマノワール　ボヴェジ慣習法書』信山社出版、一九九二年
林深山『西洋法制史の研究』学習院大学、一九九六年
原竹裕『裁判による法創造と事実審理』弘文堂、二〇〇〇年
平野龍一『刑事訴訟法概説』東京大学出版会、一九六八年
藤田朋久「汝のために神は闘えり――法廷決闘とその叙述をめぐる問題」樺山紘一編『西洋中世像の革新』刀水書房、一九九五年
穂積陳重『法律進化論』一―三　岩波書店、一九二四―二七年
松村勝二郎訳『中世イングランド王国の法と慣習　グランヴィル』明石書店、一九九三年
光安徹「中世イングランドにおける決闘裁判」『成城法学』四二号、一九九三年
宮本倫好『世紀の評決』丸善ライブラリー、一九九六年
村井敏邦『罪と罰のクロスワード』大蔵省印刷局、二〇〇〇年
村上淳一『〈法〉の歴史』東京大学出版会、一九九七年
森義信「フランク時代の裁判風景（2）――王妃離婚訴訟とロタール王国の消滅」『社会情報学研究』（大妻女子大学）三巻三号、一九九五年
山内進「中世ヨーロッパの決闘裁判――当事者主義の原風景」『一橋論叢』一〇五―一、一九九一年
山内進「同意は法律に、和解は判決に勝る」歴史学研究会編『紛争と訴訟の文化史』青木書店、二〇〇〇年
山内進『北の十字軍』講談社選書メチエ、一九九七年（講談社学術文庫、二〇一一年）
山田欣吾・成瀬治・木村靖二編『ドイツ史2』山川出版社、一九九六年
山田勝『決闘の社会文化史』北星堂書店、一九九二年

若曽根健治『中世ドイツの刑事裁判』多賀出版、一九九八年
久保正幡先生還暦記念『西洋法制史料選』Ⅱ　創文社、一九七八年
新共同訳『聖書』日本聖書協会、一九九一年

D. D. R. Owen, *The Legend of Roland*, London, 1973.
Eberhard Schmidt, *Einführung in die Geschichte der deutschen Strafrechtspflege*, Göttingen, 1983.
Eike von Repgow, *Sachsenspiegl, Die Wolfenbütteler Bilderhandschrift*, hrsg. v. R. Schmidt-Wiegand, Göttingen, 1993.
Geoffrey C. Hazard, Jr., *Ethics in the Practice of Law*, New Haven, 1978.
George Neilson, *Trial by Combat*, Glasgow, 1890.
Hans Fehr, *Das Recht im Bilde*, Leipzig, 1923.
Harold J. Berman, *Law and Revolution*, Cambridge, 1983.
Henry C. Lea, *Superstition and Force*, New York, 1971. (1st ed., 1870)
Hermann Nottarp, *Gottesurteilstudien*, Müinchen, 1956.
M. J. Russell, I "Trial by Battle and the Writ of Right"; II "Trial by Battle and the Appeals of Felony," *The Journal of Legal History*, vol. 1, 1980.
Peter Brown, *Society and the Holy in Late Antiquity*, London, 1982.
R. C. van Caenegem, *Legal History: A European Perspective*, London, 1991.

【増補】

ガーイウス（佐藤篤士監訳）『法学提要』敬文堂、二〇〇二年
カントーロヴィチ、エルンスト・H（小林公訳）『王の二つの身体』上・下、ちくま学芸文庫、二〇〇三年
ゲーテ（柴田翔訳）『ファウスト　上』講談社文芸文庫、二〇〇三年
ジェイガー、エリック（栗木さつき訳）『最後の決闘裁判』早川書房、二〇二一年
シュメーケル、マティアス（小川浩三他監訳）「ロータル2世の婚姻紛争」『ヨーロッパ史のなかの裁判事例』ミネルヴァ書房、二〇一四年
ディケンズ、チャールズ（中村能三訳）『オリバー・ツイスト　上』新潮文庫、二〇〇五年
バートレット、R（竜嵜喜助訳）『中世の神判』尚学社、一九九三年
バーマン、ハロルド・J（宮島直機訳）『法と革命Ⅰ』中央大学出版部、二〇一一年
ボルスト、アルノ（永野藤夫・井本晌二・青木誠之訳）『中世の巷にて　上』平凡社、一九八六年
マーティン、ジョージ・R・R（岡部宏之訳）『氷と炎の歌3　剣嵐の大地③』早川書房、二〇〇七年
ミッタイス、ハインリッヒ（世良晃志郎・廣中俊雄訳）『ドイツ私法概説』創文社、一九六一年
ミュンクス、アンドレア（野村秀敏訳）『当事者宣誓から当事者尋問へ』信山者、二〇二〇年
秋山武夫『司法の国際化と日本』幻冬舎、二〇二二年
岩波敦子『誓いの精神史』講談社選書メチエ、二〇〇七年
勝本正晃『文芸と法律』国立書院、一九四八年
益子政史『スコットランドヤード』朝日イブニングニュース社、一九八六年

Bernard J. Hibbitts, "Coming to Our Senses," *Emory Law Journal*, Vol. 41, 1992.
Heinrich Brunner, "Das rechtliche Fortleben des Toten bei den Germanen," in: Ders., *Abhandlungen zur Rechtsgeschichte*, Bd II, Weimar, 1931.
Hincmar of Rheims, *The Divorce of King Lothar and Queen Theutberga: Hincmar of Rheims's De divortio*, translated and annotated by Rachel Stone and Charles West, Manchester University Press, 2016.
Kerl Heidecker, *The Divorce of Lothar II: Christian Marriage and Political Power in the Carolingian World*, Ithaca and London, 2010.

解説　法と力をめぐる比較法制史の面白さ

松園潤一朗

本書は、ヨーロッパにおいて裁判の一環として行われていた決闘を論じた書物である。私が本書の原著を初めて手にしたのは大学院修士課程の頃だった。書名を見て、〝決闘〟と〝裁判〟の結び付きに不思議な感覚を持ったことが思い出される。両者は相反する行為と思われたからである。

著者の山内進氏は西洋法制史・比較法制史を専門とし、私にとって大学院生時代以来ご教示いただいている先生であり、職場の一橋大学の先輩教員でもある。私の専門は日本法制史であり、本書の内容や議論を概観しながらヨーロッパと日本の中世法の差異について述べたい。

決闘裁判の精神——本書の概要

中世ヨーロッパには、民事・刑事未分離な裁判での事実認定において現代とは異なる証明方法（証拠法）が存在した。合理的な方法がない場合の雪冤宣誓《せつえん》や神判であり、超自然的奇跡により神意（「神の裁き」）を探知する神判（神証）として熱湯、熱鉄、冷水、決闘などがあった。ただし決闘は奇跡や偶然の要素をあまり持たず、決闘する者の力に左右される「不純」さがある。

神判はゲルマン社会の古くからの慣行で、カロリング時代の勅令には証明が不確実な場合、神判に委ねることが明記された。キリスト教化されたフランク王国のもとで広く行われ、ヨーロッパ全域に普及する。

しかし、ローマ教皇インノケンティウス三世は一二一五年のラテラーノ公会議で神判への聖職者の関与を否定し、神聖ローマ皇帝フリードリヒ二世は一二三一年に神判を禁止した。一三世紀には神判はもはや正当な証明方法とは意識されなくなっていた。

これと密接に関連する動向としてグレゴリウス七世以降の教皇たちによる「聖俗分離革命」があり、裁判では神判に代わって文書や証人、自白などを中心に据えた合理的手続が実施されるようになった。

中世には「神が真実を見、個々の出来事についても正義を実現してくれるという人々の共通感覚」（二三三頁）があり、神判は集権的権力の不存在と、自然現象や物理的現象も自己の行動とは切り離せないという人々の自己中心的世界認識を前提にした。が、これらの条件が変化することで神判は衰退する。

一方、ゲルマン諸部族には決闘により神意を探る独特の慣習があった。六世紀初頭のブルグンド人の法典「グンドバッド法典」には決闘裁判の規定があり、フランク王国での実施が確認される。諸部族の法典のなかに決闘裁判が規定されている。

カール大帝や神聖ローマ皇帝オットー一世・二世も自力救済への信念を背景に決闘裁判を採用した。一二～一三世紀にはその方式はほぼ確定し、「ザクセンシュピーゲル」や「ボヴェジ慣習法書」にも記載がある。㈠当事者（代理人）同士、㈡判決人に対するもの、㈢宣誓補助者・証人に対するものや証人同士、の三類型があり、決闘の作法も定式化された。大逆罪などの重大事件が主な対象で、騎士をはじめ諸身分間で決闘がなされた。一門の名誉と権益のため親族が代闘士となる場合もあった。

決闘裁判は他の神判よりも長く存続するが、早くから証明手段としての不確実性は認識され、神学や教会法によって否定されていく。世俗君主によっても一三世紀には先述した神聖ローマ皇帝フリードリヒ二世やフランス国王聖ルイによって禁令が出され、フランスでは一五四九年の決闘裁判が最後となった。

他方、イングランドではノルマン・コンクェスト以降土地訴訟と重罪に関わる事件で広く用いられた。一二一五年のラテラーノ公会議の決議を受けて神判は全イングランドで禁止され、陪審による判決がなされるものの、刑事訴追では私訴と陪審が並存し、謀殺私訴とそれに伴う決闘裁判は一八一九年の謀殺私訴法の成立までも存続した。

決闘裁判の伝統は、裁判とは私的なもので、どちらが正しいかを決めるものとする現代アメリカの司法の当事者主義に引き継がれている。当事者主義は一般に当事者の訴訟追行を手続の中心に据え、裁判所の職権活動を補充的なものとする当事者追行主義と、被告人の人権の保護を重視する適正手続（due process、二五三頁）の二様の意味があるが、山内氏は当事者主義が持つ「精神と構造」と決闘裁判の類似性に注目する。精神とは、権力に頼らない自力救済の精神や名誉を重んじる気風、自己責任に裏打ちされた自由主義などである。

法と力——著者の研究

法と力（暴力、自力救済）の歴史的諸関係は山内氏が一貫して取り組まれてきた研究テーマである。所有についても力は重要な要素をなした。論文「ヨーロッパ法史における所有と力」（山内進編『混沌のなかの所有』国際書院、二〇〇〇年）では、ヨーロッパにおける所有は物や土地に対する身体的、直接的支配を意味し、ローマでも手という身体の一部で把握し続ける事実と能力のうちに所有権という権利があったという。

中世において土地などの所有権を示すことは容易ではなく（いわゆる悪魔の証明probatio diabolica）、ゲヴェーレ（Gewere）という固有の占有概念に基づいて事実的支配を行う者が権利者と推定された。本書の「増補　法と身体のパフォーマンス」（以下「増補」）でも論じられるように、証拠法上、文字や証書よりも事実や身体的行為が重要な意味を持っていた。

ヨーロッパでは力の行使を許容する強固な観念があり、それが法体系の中に位置づけられる一方で、その力を制御する思想や倫理も生み出された。

山内氏は国家間による実力行使の法的規制である戦争法や国際法、暴力の執行に論拠を与え同時に制約する正戦論の研究もされている。著書『文明は暴力を超えられるか』（筑摩書房、二〇一二年）、『グロティウス『戦争と平和の法』の思想史的研究――自然権と理性を行使する者たちの社会』（ミネルヴァ書房、二〇二一年）など、法と力の関係をめぐる氏の議論は幅広い。特に以下の二点にも触れておきたい。

第一に、暴力行使の正当性の問題である。国家に暴力行使（刑罰や強制執行など）の権限が独占され、国家権力の行使が憲法（典）によって正当化されている近現代とは異なり、中世の法は人々の意識や通念の形でも存在した。

本書では決闘裁判の持つ正当性の根拠について「共通感覚」や「共通感情」の語が

用いられているが、「法観念」の語と互換可能と思われる。著書『掠奪の法観念史――中・近世ヨーロッパの人・戦争・法』（東京大学出版会、一九九三年）は――この書名も〝掠奪〟の〝法〟という一見すると意外な語句の組み合わせである――、戦争における人（捕虜）や物の掠奪は確固たる慣習に基づく合法的行為であったことが法や慣習、学説など多角的に論じられた。その根底には「自己自身の生命、財産、名誉ならびに自身の親族もしくは親族類似のもののために実力をもって戦うことは正当である」（同書四一頁）という「法観念」があった。

かつての法制史の研究では近代法的観念を前提に中世は暴力が支配する無秩序な世界と認識されていた。しかし、中世史家オットー・ブルンナーらの国制史研究によって当時の人々の意識に内在する「神の法」という観念・思想のもとに一定の手続・要件に基づいて行われる暴力行使を正当的暴力（フェーデ）とする社会の構造や実態が明らかにされた。決闘裁判も、掠奪や復讐などとともにフェーデとしての意味を持つ。こうした研究視角を発展させた山内氏の議論は日本中世史の研究にも影響を与えている。

第二に、ヨーロッパ法の持つ文化的特質の指摘である。権利の実現は自らの力によるという精神がその特質の一つとされた。

ハロルド・バーマンは「教皇革命」（七六頁）を契機に、法と他の社会規範（宗教、道徳など）・社会制度（政治、経済など）との峻別や法律専門職の存在など多様なヨーロッパの「法伝統」が形成されていくことを論じた。山内氏はその革命を「聖俗分離革命」と呼ぶ。聖俗の分離化と中世における宗教の世俗君主に対する優位は法の文化・伝統に大きな影響を与える。

比較法論もかつてはヨーロッパ法を基準に議論されたが、一九七〇年代頃からは多元的な視点から諸地域の法の比較・分析がなされている。本書でも血と暴力という陰と、権利と自由という光の交錯として欧米の「法文化」が論じられた（二六五―六六頁）。決闘裁判の精神が「原風景」として現代アメリカに受け継がれているとの指摘は、キリスト教の絶対性を前提として異教徒との戦いを肯定する聖戦意識や、十字軍によって呼び起こされた浄化志向を要素とする、中・近世ヨーロッパの「十字軍の思想」がピューリタニズムに受け継がれた後にアメリカに展開するという著書『増補　十字軍の思想』（筑摩書房、二〇一七年［初版二〇〇三年］）の議論にも通じる。

なぜ日本に決闘裁判がなかったか？

決闘裁判はヨーロッパ独特の神判・裁判である。「自己中心的世界認識の蔓延《まんえん》と集権的権力の不存在」かつ戦乱の展開という類似した社会的条件を持ちながら日本中世にはなぜ行われなかったのだろうか。そこには法と力の関係をめぐる彼我の相違が見出される（以下の引用史料について、石井進ほか校注『中世政治社会思想　上』〈岩波書店、一九七二年〉を参照されたい）。

まず神判については日本古代の盟神探湯《くかたち》がよく知られている。が、八世紀初頭にかけて中国から律令法を継受したことで法制度上見られなくなる。平安時代以降、起請《きしょう》と呼ばれる神証が広く行われた。誓約内容を起請文に記し、一定期間神社に参籠して何らかの兆候（「失」）が表れれば偽証とされた。鎌倉幕府は「失」として「鼻血出づる事」などの身体的、自然的現象を規定しており、人為による要素は乏しい。が、幕府は地頭代へ裁判で起請文を用いる際、賄賂の意味も持ったと思しい「祭物料」（供物）を責め取ることを禁じており、「失」は認定する者の主観にも左右されたようだ。

また、鎌倉幕府が一二三八年に制定した法令では、証拠能力の序列を証文、証人、起請文としており、事実を示す証言や、神意を示す神証の位置づけは低い。これは律令法の継受による文書（書証）主義の浸透を認めることが可能である。

「田地領掌の道、公験《くげん》をもって本となす」との法諺（法格言）が平安時代から存在した。「公験」は国家が田地の所有を認定する証書を指し、田地の所有はこれに基づくべきという意味である。一二世紀以降に証書の重視へと移行するヨーロッパ（「増補」）と比べて文書主義の浸透は早い。ただし、この法諺は、土地の私的譲渡や開発など多様な所有権原の成立に伴う公験の効力の低下のなかで用いられたものである。中世には文書の名義人ではなくても文書の所持者を所有者と推定する、今日からみればやや極端な（あるいは呪物的な）文書主義の観念が存在したことも知られている。

神判には中世後期から近世初頭にかけて、ヨーロッパと同様に熱湯・熱鉄の神判の実施も知られるが、文書による判断が難しい村落間の境界争いなどで用いられた。

次いで自力救済との関係では、日本法制史の大家である石井良助氏は幕府の訴訟制度について「公の手続によらない自力救済は一切これを禁止する制度であった」としている（『日本不動産占有論――中世における知行の研究』創文社、一九五二年）。同氏も述べるように幕府の手続の原則は当事者追行主義と呼びうるが、ヨーロッパとは異なり自力救済が法制度上に位置づけられることはなかったのである。

もっとも村落間の紛争などでは自力救済が合法的行為であったことが知られる（藤木久志『村と領主の戦国世界』東京大学出版会、一九九七年、など）。山野をめぐる紛争などでは独特の実力行使のルールが「相当」や「大法」などと呼ばれた。しかし、これらの「自力」も近世にかけて抑止が進み、正当的暴力が幕藩権力に集中する過程で意義を失っていく。力の行使や所有において権力の認可によらない社会的事実が法の内部に取り込まれる余地は乏しい。

本書には刑罰の軽減と引き換えに共犯者を訴え、決闘してそれを証明するイングランドの制度（二一一頁）の記述があり、戦国大名伊達氏の分国法「塵芥集」の規定と比較してみたい。原告は「生口《いけくち》」（証人、被疑者）を自ら大名法廷に連行して犯人の処罰を訴える必要があったようで、盗犯と目される「生口」が自白しなくても共犯者がその者を「同類」と自白すれば嫌疑をかけるとの規定がある（五〇条）。が、共犯者同士の決闘はなされない。裁判者の前で三極的構造をとる決闘裁判に対して、ここでは高権力と被疑者という二極的構造のもとで糾問・拷問がなされる。判決人との間ですら上記の訴訟構造が成り立つ、『ローランの歌』に描かれた㈡の判決非難の類型はとりわけ印象深い。神ならぬ人は必ずしも真実を発見することはできないとの思想がその背景をなす。

以上のような日本中世における証拠法の序列や社会的事実の法化の乏しさ、裁判の構造は、前近代における人為（裁判者）による裁量の大きさを物語る。裁判者の適切な判断を期待する、後のいわゆる「大岡裁き」に象徴されるように、裁判では裁判者が「真実」を明らかにするとの観念が顕著である。当事者同士の和解や個別案件での妥当な解決が推奨され、法や手続によらない解決が志向された。裁判は社会諸成員の法＝権利の実現ではなく、高権力の恩恵的措置である。

現代日本の刑事司法においても、適正手続よりも真実・真相の発見（解明）を強調する実体的真実主義（二五〇頁）の志向が強いと言われ、有罪率や自白率の高さが特色をなす（松尾浩也『刑事訴訟の理論』有斐閣、二〇一二年）。欧米の制度が導入されながらも運用に相違が生じる理由はどこにあるのだろうか。その一端を理解する上で法の歴史・文化という観点が重要と思われる。

本書で明らかにされたヨーロッパ法の制度や精神に関する議論は、ヨーロッパと日本の中世の比較法制史上の興味深い論点である。類似性が強調される場合もあるが、やはり神とその世俗権力との関係の大きな相違は注目されよう。本書はこれに加えて、欧米から法制度は受容されたものの、同様の運用とはならない日本法の現状の理解と、法制度のなかに内在する精神的要素を明らかにするという意味で重要な意義を持つ。その指摘は原著刊行後二三年余りを経た現在でも色あせない。

法制史の面白さ

法制史は過去の法を考察する学問であるが、現代の制度や精神との繋がりを論じることのできる点も面白さ・醍醐味であると思う。

山内氏は研究の「面白さ」に言及されることが多い。氏の議論は当該分野の専門家にとどまらず、隣接諸分野にも影響を与え、歴史的な観点から世界情勢や現代社会への洞察を常に含んでいる。著書には豊富な図が用いられ、本書にも彩色画の図などが豊富に挿入されている。講演や授業でも図などを用いてわかりやすく伝えることを意識されている。二〇一四年一一月の一橋大学の学長退任記念講演では『北の十字軍——「ヨーロッパ」の北方拡大』（講談社、二〇一一年〔初版一九九七年〕）でも言及される映画『アレクサンドル・ネフスキー』の勇壮なシーンが流された。

研究を面白く伝えるというのは難しい課題である。が、本書は山内氏の他の著書と同様に知的刺激に満ちた「面白さ」を持っている。本書は私にとって研究の指針のように思ってきた一書であり、法制史の定番の一般書である。今回の増補・復刊によって一層多くの読者が本書を手に取られ、共有できることをとてもよろこばしく思う。ぜひ味読いただきたい。

（まつぞの・じゅんいちろう　一橋大学大学院法学研究科教授　日本法制史）

本書は二〇〇〇年に講談社現代新書として刊行された。文庫化に際し、「法と身体のパフォーマンス」を増補した。

ちくま学芸文庫

増補《ぞうほ》　決闘裁判《けっとうさいばん》
——ヨーロッパ法精神《ほうせいしん》の原風景《げんふうけい》

二〇二四年一月十日　第一刷発行

著　者　山内進（やまうち・すすむ）
発行者　喜入冬子
発行所　株式会社　筑摩書房
東京都台東区蔵前二―五―三　〒一一一―八七五五
電話番号　〇三―五六八七―二六〇一（代表）
装幀者　安野光雅
印刷所　株式会社精興社
製本所　株式会社積信堂

ISBN978-4-480-51221-5 C0120